[美]美国运动教育项目组（American Sport Education Program）　　戈 译

青少年篮球
教学指导
（第5版）

人民邮电出版社

北　京

图书在版编目（CIP）数据

青少年篮球教学指导：第5版 / 美国运动教育项目组，（美）唐·肖沃尔特（Don Showalter）著；毕成译
. -- 北京：人民邮电出版社，2019.5
ISBN 978-7-115-49629-4

Ⅰ. ①青… Ⅱ. ①美… ②唐… ③毕… Ⅲ. ①青少年
－篮球运动－教学研究 Ⅳ. ①G841.2

中国版本图书馆CIP数据核字(2018)第234857号

版权声明

免责声明

作者和出版商都已尽可能确保本书技术上的准确性以及合理性，并特别声明，不会承担由于使用本出版物中的材料而遭受的任何损伤所直接或间接产生的与个人或团体相关的一切责任、损失或风险。

内 容 提 要

对于青少年篮球训练，培养技术是基础，强化战术和配合是关键。本书由美国运动教育项目组和美国国家男子篮球队储备队前主教练唐·肖沃尔特联合创作。其针对青少年群体，介绍了青少年篮球教练应该了解和注意的青少年生理和心理的成长发育特点，解释了指导青少年篮球运动技能应该遵循的原则，并重点讲解了青少年应掌握的篮球技术和团队战术。本书还提供了适合不同年龄段青少年的针对性训练计划，同时详细阐述了在青少年篮球执教过程中常遇到的问题及其解决方法，不论你是篮球爱好者，还是青少年篮球教练，都能从本书收获宝贵的知识和经验。

◆ 著　　　［美］美国运动教育项目组
　　　　　　（American Sport Education Program）
　　　　　　唐·肖沃尔特（Don Showalter）
　　译　　　毕　成
　　责任编辑　林振英
　　责任印制　周昇亮
◆ 人民邮电出版社出版发行　　北京市丰台区成寿寺路 11 号
　　邮编　100164　　电子邮件　315@ptpress.com.cn
　　网址　http://www.ptpress.com.cn
　　北京七彩京通数码快印有限公司印刷
◆ 开本：700×1000　1/16
　　印张：16.5　　　　　　　　　2019 年 5 月第 1 版
　　字数：321 千字　　　　　　　2025 年 11 月北京第 20 次印刷
　　著作权合同登记号　图字：01-2016-10039 号

定价：88.00 元

读者服务热线：(010)81055296　印装质量热线：(010)81055316
反盗版热线：(010)81055315

目录

序

当你观看大学篮球比赛、美国女子职业篮球联赛（WNBA）或美国男子职业篮球联赛（NBA）时，你会感觉篮球这项运动看起来十分简单。两支球队走上球场是为了实现一个共同的目标：赢得比赛。运动员们使比赛看起来如此简单，但许多观众并不知道球员们在背后付出了多少努力和进行了多少次训练。当球员被招募进大学篮球队时，你听说了他们在高中时获得的荣誉，但你认为他们是从什么时候开始学习打篮球的？对于少数天赋异禀的球员来说，他们到高中才第一次参加有组织的篮球比赛。但大多数运动员从少年时期便开始学习篮球技术和篮球战术了。

从美国当地的基督教青年会（YMCA）到社区娱乐联赛，篮球都是受青少年欢迎的运动之一。篮球不仅让孩子们学会了比赛，也让他们明白了一种积极健康的生活方式的重要性，同时篮球也能帮助他们积累重要的人生经验，如团队合作、尊重他人和乐于奉献。除了这些重要的经验，孩子们也学会了从篮球运动中获得快乐！

在我的教练生涯中，我有幸指导了和我一样对篮球这项伟大运动充满激情的年轻人。但你从电视和报纸上看到的，以及媒体上讨论的，都只是比赛的结果。你从没有听过球员们如何通过这项运动成为一个有用的公民、有礼貌的人和未来的领袖。这确实让人感到很遗憾，因为在篮球运动中可以培养球员很多品质，所有这些品质都是从青少年时期开始培养的。在这本书中，唐·肖沃尔特与美国运动教育项目组（American Sport Education Program，ASEP）将告诉你提高年轻运动员的技术、与他们交流，以及帮助孩子们从篮球这项运动中尽可能多地收获正确的方法。从最初的训练到最后的比赛，你所需要知道的内容都可以在这本书中找到。本书还将教会你如何使孩子们在学习技术和进行比赛时保持投入和兴奋。

在过去的几年中，我有幸指导了各种水平的球员，而且每一天都让我受益良多。与孩子们一起工作充满挑战与欢乐。记住，虽然你指导的球员中不太可能有下一个勒布朗·詹姆斯或德里克·罗斯，但你有能力影响一个孩子在球场上和球场下的一生。我鼓励你把与孩子相处的每时每刻都当作你们的最后一次互动。永远记住，不管你是一名有薪酬的教练还是一名志愿教练，你只是一名教练，孩子们渴望得到你的指导。最重要的是你要在篮球教学的过程中享受快乐，只有这样孩子们才会享受到快乐。

致最美好的祝愿！

罗伊·威廉姆斯

北卡罗来纳大学男子篮球队主教练

前言

欢迎阅读本书（第5版）。成为一名教练是每个人可以选择的伟大的职业之一，不管你是一名志愿教练还是一名助理教练。指导年轻球员的回报是巨大的，你会影响每一个你指导过的球员。本书包含大量关于青少年球员的管理、教学和训练方面的知识。

接下来提供的信息在你训练球队时会有一定的指导作用。我用这些信息帮助美国U16和U17篮球队在国际比赛中获得金牌。我也用这些信息指导青少年球员。当你开启你的教练生涯时，我希望这些信息对你有所帮助。尽情享受篮球吧！

唐·肖沃尔特

美国国家男子篮球队储备队主教练

艾奥瓦城市高中男子队主教练

致谢

很多人为本书这一版的编写工作提供了帮助。特别是美国篮球协会的员工，他们为我提供了大多数高中篮球教练在他们的职业生涯中梦寐以求的机会。吉姆·托雷、肖恩·福特和B.J.约翰逊都是很不错的人。特别感谢安妮·伯恩帮助撰写这一版本中指导女球员时的注意事项部分。来自人体运动出版社（Human Kinetics）的劳拉·波代斯基工作非常出色，为本项目提供了指导意见。感谢我的长期助理教练克里斯·克恩、凯尔比·本德和巴德·本德，他们为我提供了很多帮助。他们在我的夏季计划中做了大量工作，让我可以有时间参加美国篮球队的工作。有许多教练对我的教练生涯产生了重大影响，包括约翰·伍登、迈克·沙舍夫斯基教练、罗伊·威廉姆斯和泰茨·洛克。最后，家庭的支持对于一名教练的成功也是至关重要的，我的妻子维基·肖沃尔特一直是我的坚强后盾。

唐·肖沃尔特

训练索引

图例说明

不持球的进攻球员

持球的进攻球员

防守球员

球员移动

传球

运球

掩护（进攻）、包夹或阻截（防守）

第 1 部分

管理

你 应该已经购买了传统的篮球训练指导工具，如哨子、教练服、运动鞋和白板。在你指导球员时这些工具将为你提供帮助。但想要成为一名成功的教练，你还需要5个你买不到的"工具"。这些"工具"只有通过自我检查和努力才能获得；用首字母缩略词COACH可以帮助记忆。

C	Comprehension（理解）。
O	Outlook（展望）。
A	Affection（情感）。
C	Character（性格）。
H	Humor（幽默感）。

理　解

理解篮球的规则和技术是必不可少的。你必须理解这项运动的组成部分。为了加强你对篮球的理解，请遵循以下步骤。

- 阅读从本书第2章第27页开始的有关篮球规则的介绍。
- 阅读第4章和第7章中介绍的篮球基础技术。
- 阅读更多关于篮球辅导的书。
- 联系各种青年篮球组织。
- 参加篮球指导交流会。
- 与更有经验的教练交流。
- 观看当地的大学、高中篮球比赛。
- 从电视上观看篮球比赛。

除了掌握篮球知识，你还必须学会使用合适且安全的训练方法，从而降低球员在训练时受伤的风险。即便如此，伤病还是会发生。在很多情况下，你将是第一个对球员伤病做出反应的人。所以你需要知道第2章中介绍的基本急救措施。另外，请阅读第2章中关于如何处理更严重的运动损伤的介绍。

展　望

这个指导"工具"是指你的想法和目标。最常见的目标有：（a）享受篮球；（b）帮助球员提高他们的身体素质、心智水平和社交能力；（c）争取获胜。因此，你的展望包括你的优先事项、计划和对未来的愿景。见第4页的"评估你的优先事项"部分，了解更多作为教练的优先事项。

美国运动教育项目组有一句格言，可以有助于使你的展望与球队中的孩子们的最大利益保持一致。当你评估你的优先事项时，你只需记住下面这句话。

运动员第一，胜利第二。

这句格言揭示了争取胜利是体育运动的一个重要部分。让你的球员拥有竞争意识很重要，他们在今后的工作中也需要竞争思维。但这句格言强调了争取胜利不应该以球员的健康、成长和快乐为代价。为了更好地定义你的展望，遵循以下步骤。

- 与你的教练组成员共同决定这个赛季的优先事项。
- 为可能挑战你的优先事项的情况做准备。
- 为你和你的球员设定目标，这些目标应该与你的优先事项一致。
- 为了更好地实现目标，为你和你的球员制定计划。
- 经常回顾你的目标，以确定你在既定的轨道上。

情　感

另外一个重要的"工具"就是真正关心每一个被指导的年轻人。这要求对孩子们有热情，愿意与他们分享你的篮球知识与在篮球中获得的快乐，了解他们的成长并对他们保有耐心。有许多展示你的情感和耐心的方法，以下介绍几种。

- 努力了解球队中的每一名球员。
- 把每一名球员当作不同的个体对待。
- 体恤努力学习新技术和高难度技术的球员。
- 要设身处地为球员着想。
- 控制你的情绪。
- 乐于融入球队。
- 在交流时保持乐观向上的语调。
- 努力了解球员赛场下的生活，安排一些在非竞争环境下的活动，为教练和球员们相互了解提供机会（如聚会、打保龄球、观看大学篮球比赛或晚上一起看一场电影）。

评估你的优先事项

即使所有的教练都注重竞争，但我希望你注重积极的竞争，在追逐胜利时所做的决定首先应符合运动员的最大利益，其次才是帮助球队获胜。

那么，如何才能知道你的展望和优先事项是否正确呢？以下是一个小测试。

1. 以下哪个情况让你最自豪？

   a. 知道每一名参与者都享受打篮球。

   b. 看见所有球员的篮球技术都得到提高。

   c. 赢得联赛冠军。

2. 以下哪种表述最能反映你对篮球的想法？

   a. 如果没有乐趣，就不打了。

   b. 每个人每一天都应该学到新东西。

   c. 如果你没有获胜，运动就没有乐趣。

3. 你希望你的球员如何记住你？

   a. 作为一名教练，在你的指导下打球很有乐趣。

   b. 作为一名教练，你能够帮助球员打下坚实的基础。

   c. 作为一名教练，你有着不错的胜率记录。

4. 你最希望听到球员的父母说什么？

   a. 麦克今年打篮球时很快乐。

   b. 尼克今年通过打篮球学到一些重要的经验。

   c. 威利今年上了首发阵容。

5. 以下哪个时刻是你一个赛季中最值得庆祝的？

   a. 尽管训练已经结束，你的球队还想继续打球。

   b. 看见你的一名球员最终掌握了运球技术。

   c. 获得联赛冠军。

看看你的答案。如果你的选择中a最多，那么享受篮球对你来说最重要。如果你的答案大多数是b，这表明作为一名教练，提高球员技术对你最有吸引力。如果你的答案中c出现得最多，那么胜利就在你的优先事项中排在首位。如果你的优先事项是有序的，你的球员的健康和快乐应该每次都优先于你球队的胜负记录。

性　格

当你决定成为一名青少年篮球队教练时，这或许意味着你认为参加运动很重要。但参与运动是否就能影响球员的性格，这取决于运动本身，也同样取决于你。如何才能帮助球员塑造他们的性格呢？

良好的性格意味着在运动和生活中有着恰当的行为方式。这意味着仅仅说正确的事情是不够的。你必须言行合一。对于教练来说，"按我说的做，别按我做的做"这句话是没有理论根据的。挑战、支持、鼓励和奖励每一位年轻人，会使球员更加接受甚至欢迎他们之间的性格差异。在所有的训练和比赛之前、之中和之后都需要控制自己的情绪。不要害怕承认你错了，没有人是完美的！

要成为一个优秀的楷模，教练组的每名成员都应该考虑以下的步骤。

- 判断自己的优势和弱点。
- 立足自己的优势。
- 设立目标，改进自己的不足。
- 如果出错，向球队和自己道歉，下次将做得更好。

幽默感

幽默感是一个经常被忽视的指导"工具"。这意味着在训练和比赛期间，有能力自嘲和与你的球员们开玩笑。没有什么比一两声笑声更能平衡技术研讨会的严肃性了。幽默感能够让你正确看待球员犯下的许多错误。所以不要对球员的每次失误都生气，也不要对犯错的球员给予消极的回应。允许你和你的球员们享受胜利，且不要沉湎于失败。

以下几点建议能够帮助你将幽默和快乐注入你的训练中。

- 进行不同的活动，使训练更有趣。
- 使所有球员融入比赛和技术训练中。
- 把球员的笑声看作是快乐的表现，而不是无视纪律的表现。
- 不要把嘲讽球员当作是一种幽默。
- 能够自嘲。
- 微笑。

第**1**章

责任

教练的职责不只是制定进攻战术和布置防守。当父母把他们的孩子带到你面前时，意味着你接受了一个巨大的责任。作为一名篮球教练，你将要做以下工作。

1. **提供安全的训练和比赛环境。**打篮球具有内在的风险，但作为一名教练，你有责任定期检查用于训练和比赛的球场和装备（见第245页附录中的设施和装备清单）。

2. **用积极的方式交流。**正如你已经看到的，你应该多交流。你不仅需要和你的球员以及他们的父母交流，还需要与教练组成员、管理人员交流。要用一种积极的交流方式，这表明你把球员们的最大利益铭记于心。

指导建议 给自己设立个目标：在每次训练后给每名球员至少两条积极的评价。

3. **教会球员基本的篮球技术。**当教授篮球的基本技术时，记住篮球是一种游戏，因此，你需要确保你的球员在学习技术时能够获得快乐。创造一个有趣且有效的训练环境，使球员们能够用他们喜欢的方式学习和练习他们需要的技术，帮助他们做到最好（更多信息见第2部分）。另外，为了帮助你的球员提高技术，你需要对进攻和防守技术有透彻的了解。我们将提供信息帮助你获得了解这些方面的内容（见第4章和第7章）。

4. **介绍篮球规则。**你需要介绍篮球规则，并将这些规则融入教学中（更多信息见第27页）。许多规则可以在练习中讲解，包括进攻规则（如二次运球、走步违例、三秒规则、回场违例和罚球违例）以及防守规则（如犯规和贴身防守五秒规则）。在训练中，应该抓住每次机会，顺其自然地复习这些规则。

5. **指挥比赛**。你的职责包括确定首发阵容和替代方案，适当地与管理者、对方教练和球员联系，并在比赛中做出合理的战术决定（关于比赛指挥的更多信息，见第3章）。记住，重点不是以任何代价换取比赛的胜利，而是指导孩子们在比赛中避免受伤、竭尽全力、提高篮球技术，在规则允许下争取胜利。

6. **帮助球员拥有健康的体魄并且终生重视健康**。希望你能帮助球员变得健康，这样他们打球时就更安全和更易于成功。也希望球员能够锻炼身体，重视健康的体魄，享受训练。因此，惩罚他们做俯卧撑或跑几圈并不是目的。使健身和打篮球变得有趣，这样他们才会终生保持身体健康。

7. **帮助年轻人塑造性格**。性格塑造包括勤奋学习、乐于助人、诚实守信、礼貌待人、承担责任，以及在训练和比赛中展示良好的道德行为。教年轻球员这些无形品质的重要性不亚于教他们投篮技术。希望你通过展示、传达这些价值观的行为来帮助球员树立这些价值观。例如，在教团队防守时，向年轻球员强调学习防守任务、帮助队友、遵守规则和尊重对手的重要性，要使他们明白他们有责任赢得每一次个人的对决，即使他们可能并不总能认识到他们个人努力的重要性。

这些就是作为一名教练的责任。记住每一名球员都是独特的。你必须提供一个健全的环境，每一名球员都应当有机会无忧无虑地学习如何打篮球，同时在这个过程中享受篮球的快乐。

安　全

你的一名球员试图突破上篮，他朝篮筐运球，想要完成一个上篮。一名防守球员突然出现，断掉他手中的球，并把他打翻在地。你看到你的球员躺在地板上起不来，看上去很痛苦。这时你会怎么做?

没有教练想看到球员受伤。但参与运动就可能受伤是一个无法逃避的事实，因此，当球员受伤时，你要准备好进行急救，同时保护自己避免陷入不必要的法律诉讼中。幸运的是，教练可以采取许多预防措施降低这种风险。在这一部分，我们介绍了预防受伤的几个步骤，在第2章中会介绍球员受伤时的急救和应急方法，以及作为教练的法律责任。

你不能阻止所有伤病的发生，但是你可以采取预防措施，使球员受伤的可能性降到最低。为了给球员创造一个最安全的环境，你可以在以下方面做努力。

- 赛季前身体检查。
- 体能训练。
- 球员配对和固有风险。
- 适当的监管和记录。
- 环境状况。

赛季前身体检查

我们建议球员在参加篮球运动前先进行体检。体检应关注最有可能受伤的地方，并找出有高受伤风险的年轻人。我们同样建议你与球员的父母或监护人签署一份参与协议（具体细节将在本章讨论）和知情同意书，允许他们的孩子在紧急情况下接受治疗。知情同意书的模板见第246页附录。

体能训练

球员必须有健康的体魄，才能打出高水平的比赛。他们必须有足够强大的心肺功能和强健的肌肉。

心肺功能包括身体有效使用氧气和能量使肌肉收缩的能力。当球员的身体素质更好时，他们的身体能更有效地将氧气输送给进行运动的肌肉，同时排出二氧化碳等废物。篮球运动需要球员大量的跑动和发力，大部分球员在场上需要不停地移动和做短距离冲刺。身体素质不如同伴的年轻人在试图跟上队友和对手时经常会过度消耗，这可能导致轻度的头疼、恶心、疲劳和潜在的受伤风险。

记住球员的目标是参与、学习和享受。因此，你必须使他们保持活跃和警惕，让他们参与训练的每一个阶段。如果你这样做，随着赛季的进行，只要球员参与训练，他们的心肺功能将会提高到一个更高的水平。然而，你需要密切观察球员心肺功能低下的迹象，在球员身体素质没有足够好之前，不要让他们训练太多。如果你发现谁在训练时直喘粗气，你应该私下跟他交流，建议他退出训练并进行单独练习（在适当的监管下），以增强他们的身体素质。

体能包括力量、耐力、爆发力、速度和柔韧性，受身体的发育程度以及力量和其他训练类型的影响。球员的肌肉含量可能会大不相同。肌肉含量高的球员能跑得更快、跳得更高。他们肌肉受伤的风险更低，即使受伤，伤病也会更轻，恢复得也会更快。

另外两个训练体能和预防伤病的组成部分是热身和冷身运动。尽管年轻人的身体是非常柔软的，但长久不活动也可能变僵硬。热身运动应使每一个肌肉群都活动到，提高心率，为更剧烈的运动做好准备。球员的热身时间在5~10分钟，可进行慢跑、跳跃和拉伸。训练快结束时，使身体逐渐慢下来，通过慢跑或步行让心率降下来。然后再让球员拉伸5分钟，防止在下次训练或比赛前肌肉僵硬。

球员配对和固有风险

我们建议将球员按年龄分组，如果可以，隔两岁一组。因为同组球员的年龄差别小，他们在训练和比赛时身体成熟度的错位就更小。即使如此，两个12岁的男孩体重差距可达到90磅（约40.8千克），身高差距可达1英尺（约30.5厘米），心智成熟度差别可达3~4岁。这对身体和心智更不成熟的球员来说是危险的，如果可以，安排两个体格和身体成熟度相似的球员为一组。这种方法使体型更小、更不成熟的球员也有机会获得成功，也避免他们在挑战更成熟的球员时受伤。密切监督比赛，不要让体型较大的球员把体型较小的球员置于不必要的受伤风险下。

指导建议 如果你的球员体型较大，你可以考虑设定一个规则，不允许双人包夹，或从控球球员手中断球。这有助于阻止体型大的球员强吃体型小的球员，也阻止他们每当有机会就去抢断。

尽管合适的配对可以帮助你避免承担一些不必要的责任，但你必须提醒球员打球的固有风险。你要向球员全面介绍打篮球的固有风险，确保每一名球员都知道、理解和接受这些风险。

赛季开始前的家长会是一个很好的机会，你可以向球员和他们父母解释这些风险。这也是一个让球员和他们父母签署参与协议书的好机会，让你在球员意外受伤时免于承担责任。当你制定这个协议和免责条款时，你应该与联赛管理人员共同探讨。在拿这份协议书给球员和父母签字前还需要让法律顾问确认。这些协议和免责条款并不是意味着你不用对球员的健康和利益负责，但是律师会建议你要求球员和他们的父母签署这些协议，如果日后出现诉讼案件，这将对你有所帮助。

适当的监管和记录

为了确保球员的安全，你必须进行全面监管和具体监管。全面监管是指球员在进行训练、比赛等活动时你必须到场，观察和倾听正在发生的一切。你应该做到以下几点。

- 在正式的训练和比赛开始前，你必须到达球场就位，对训练和比赛进行监管。
- 能够立即介入和监督整个训练和比赛等活动。
- 对可能给球员带来危险的情况保持警惕，并做好保护球员的准备。
- 能够对紧急情况立即做出恰当的反应。
- 在训练或比赛结束时进入球场。

具体监管是指在训练中对一项活动进行直接监管。例如，当你在教授新技术时应该进行具体监管，直到你的球员理解这项新技术的要求、风险，且有能力在这些风险下执行这项新技术。当你看到有球员破坏规则或球员状态不对时，你必须进行具体监管。一般而言，动作越危险，就越需要具体监管。我们也建议对更年轻和经验不足的球员提供更具体的监管。

指导建议 监管对于确保球员稳定地执行新技术非常重要。成人进行的监管越多，球员就能更好地学习和掌握这些新技术。

作为你的监管职能之一，你需要预见潜在的危险，并且做好预防这些危险发生的准备。这就要求你非常懂篮球，特别是了解那些意在保护球员的篮球规则。禁止危险的恶作剧，只在安全的天气条件下进行训练（会在下文的"环境状况"中探讨）。坚持进行具体监管，将会使球员的打球环境更安全，假如球员不幸受伤，也可使你无须承担责任。

为了进一步保护球员的安全，记录下你的赛季计划、训练计划和球员的伤病情况。赛季计划和训练计划可以证明你已经教授了球员哪些技术，详细的伤病报告将在没有根据的诉讼中为你提供保护。向你的赞助机构要这些计划和伤病情况表格（见第247页附录的伤病报告表），将这些记录保留数年，以防前球员因为"老伤病"再找上你。

环境状况

尽管篮球比赛一般是在室内进行，但这项运动的多样性也使它可以在室外进行。许多球员会在室外球场进行训练。由于经常没有室内球馆，不少青少年训练营也在室外进行。许多健康问题是由环境温度过高或过低导致的，不过你也要考虑一些其他的环境因素，如恶劣天气和空气污染。考虑这些潜在的问题和努力确保对球员的充分保护，就可以防止环境状况所导致的严重意外的发生。

指导建议 鼓励球员在训练前、训练中和训练后喝大量的水。水分占年轻人身体体重的45%~65%，流失一小部分的水就可能给身体系统带来严重的后果。湿热不是导致球员脱水的唯一原因，感到口渴也不是球员脱水的一项准确指标。事实上，当球员感觉到口渴时，他们早就该喝水了。

高温

在湿热的天气中，身体很难自行降温。因为空气中的水蒸气已经饱和，汗水不易蒸发。因此，汗液并不是有效的冷却剂，身体的温度依旧很高。湿热的环境使球员处于热疲劳和中暑的风险下（更多详情见第2章第26页）。如果你觉得天气太热或太潮湿，这对孩子们来说就更糟糕了。因为他们不仅要做剧烈的运动，而且12岁以下的孩子的身体调节温度的能力不及成年人。为了在湿热的条件下为他们提供一个安全的环境，你可以采取以下预防措施。

- 监视气候条件，并相应地调整训练时间。表1.1列举了针对不同气温的高温天气预防措施。

表1.1 高温天气预防措施

温度/°F（℃）	湿度	预防措施
80~90（26~32）	<70%	监测容易中暑的运动员
	≥70%	每训练30分钟休息5分钟
90~100（32~37）	<70%	每训练30分钟休息5分钟
	≥70%	在傍晚或清晨进行短暂训练

- 使球员适应在高温和高湿的环境中训练。运动员可以在7~10天内适应高温和高湿环境。在适应期间，训练强度应该保持在中低水平，每隔20分钟或更短的时间让球员补充水分。
- 换上轻装。球员应该穿短裤和白色T恤。
- 找出并监视容易中暑的球员，包括体重过重的球员、肌肉发达的球员、体型欠佳的球员、训练过度的球员和之前中过暑的球员。密切监视这些球员，每隔15~20分钟让他们补充一次水分。
- 确保球员及时补充因出汗而流失的水分。鼓励球员在每次训练和比赛前2~3小时喝17~20盎司（497.6~585.4毫升）的液体，在比赛中和比赛后每隔20分钟喝7~10盎司（204.9~292.7毫升）的液体，每减重1磅（约0.5千克）喝16~24盎司（468.3~702.5毫升）的液体。喝水或运动饮料更佳（基于美国国家田径教练员协会的建议）。每个年龄组的水分摄入量大致一样。青春期前的球员应该多喝水，少喝运动饮料。

- 鼓励球员补充因出汗流失的电解质，如钠（盐分）和钾。补充电解质、糖类（能量）和蛋白质（增肌）等营养素的最好方法是保持饮食均衡。专家表示，在高强度训练期间，更多的盐分摄入是有益的。

寒冷

当一个人暴露在寒冷的气候中，他的体温开始降到正常温度之下。为了阻止体温下降，身体会颤抖以产生热量，减少血液流向四肢，以保证身体核心部分的温度。但无论人体的温度调节机制多有效，如果身体做好了准备，身体将能够更好地应对寒冷气候。为了减少因寒冷导致疾病的风险，应确保球员穿上合适的保护性衣服，让他们持续运动，从而维持身体热度。同时需要监测风寒指数，因为风寒指数极大地影响了球员对气候反应的剧烈程度。风寒指数表如图1.1所示。

气温/℃

	-17.8	-15.0	-12.2	-9.4	-6.7	-3.8	-1.1	1.7	4.4
肌肉可能在1分钟内僵硬									
64.4	-33.9	-30.0	-26.1	-22.2	-18.3	-14.4	-10.6	-6.7	-2.8
56.3	-32.8	-29.4	-25.6	-21.7	-17.8	-13.9	-10.0	-6.1	-2.2
48.3	-32.2	-28.3	-24.4	-20.6	-17.2	-13.3	-9.4	-5.6	-2.2
40.2	-31.1	-27.2	-23.9	-20.0	-16.1	-12.8	-8.9	-5.0	-1.7
32.2	-30.0	-26.1	-22.8	-18.9	-15.6	-11.7	-8.3	-4.4	-1.1
24.1	-28.3	-25.0	-21.7	-17.8	-14.4	-10.6	-7.2	-3.9	0.0
16.1	-26.7	-23.3	-20.0	-16.1	-12.8	-9.4	-6.1	-2.8	1.1
8.0	-23.9	-20.6	-17.2	-13.9	-10.6	-7.2	-3.9	-0.6	2.2

风速/(千米/时)

风寒温度/℃

图1.1 风寒指数表

资料来源说明：Adapted from National Weather Service, 2009, NWS windchill chart.

恶劣天气

恶劣天气是指存在潜在危险的天气现象，包括雷电风暴、龙卷风、冰雹和暴雨。当球员在室外打球时，需要特别注意闪电，因为闪电来得很快，能够对球员造成巨大的伤害，甚至死亡。闪电过后5秒听见雷声，意味着闪电在1英里（约1.6千米）外。闪电过后10秒听到雷声，意味着闪电在2英里（约3.2千米）外。闪电过后15秒听见雷声，意味着闪电在3英里（约4.8千米）外。如果闪电在6英里（约9.7千米）外或更近的距离

（闪电与雷声之间的间隔少于等于30秒），那么训练和比赛就应该立即停止。除了这些建议，你的学校、联赛和篮球协会可能会针对恶劣天气设定一些规则，也应当考虑到这些规则。

当闪电来袭时，安全的庇护场所有密闭的建筑、低地（最好有灌木遮挡）等。靠近金属物体是不安全的，如旗杆、栅栏、路灯杆和金属露台。还要远离树木、水池和旷野。

一旦发布龙卷风警报或警告，你应当立刻取消训练。如果在训练或比赛场所附近出现了龙卷风，应该尽可能地进入建筑物中。如果无法进入建筑物，那么就躺在沟渠或低洼地，或蹲在一个坚固的物体旁，用手臂保护头和颈部。

应对恶劣天气的关键在于谨慎。如果看到了闪电，不要再坚持完成最后10分钟的训练。不要在暴雨中训练。许多风暴急而猛，具有很强的破坏力。敬畏天气，安全打球。

空气污染

糟糕的空气质量和雾霾会给球员带来实实在在的危害。吸入污染的空气会对运动员的肺部造成短期或长期的损害。尽管在许多地方想在洁净的空气中打球是不可能的。当空气质量等级在中等以下，或者你所在地区有雾霾警报时，我们建议你限制活动。你当地的卫生部门和空气质量管理部门会预报当地的空气质量指数，以及什么时候应当限制活动。

教　学

教学包括教授球员技术。当教授一项篮球技术时，你应该用一种简单的方式展现该技术，这样球员就能够明白如何运用这项技术。具体的教学方法取决于球员的年龄和水平（更多细节见第2部分）。除了教授篮球技术外，你还需要教球员们如何在场上和场下展示良好的体育行为，如何与队友、对手和教练发展友谊。球员们的目标是学习让他们在篮球训练结束后很长一段时间都可以获益的技术。

组织

组织应该是每一名教练工作的重中之重。随着篮球教学的展开，你应该记录好你已经教了什么，找出做得好的地方，以及下个赛季有待提高的方面。

以下一些方法能够使你的教学活动更有组织性。

- 写日志，记录训练中做得好的地方和做得不够好的地方。
- 整理好记录，便于将来查阅。

- 将每年所有的训练计划装订在一起，当计划下一个赛季的训练时，这将很有用。
- 将所有球员的信息存入一个文档或电脑中。可能连续两三年教同一名球员，所以这样当你查阅球员信息时会很方便。
- 记录比赛，写一份关于已交手球队的简短研究报告。当下一个赛季再面对他们时，这些报告将会对你有所帮助，特别是当这支球队没有换主教练时。
- 记录你与家长、球员和其他与你训练项目有关人员的会议纪要。在将来的赛季中这些会议纪要会很有价值。如果有必要，你可以查看这些会议纪要，看看之前讨论过了什么。

乐趣

　　无论你处于赛季的哪个阶段，你必须创造一个鼓励学习和提倡团队合作的环境，同时让球员们获得乐趣。以下是7条小建议，帮助你和你的教练组成员使训练成果最大化。

1. 坚持既定的训练时间，教练也和员工一样。
2. 作为一个团队开始和结束每次训练。
3. 尽量保持例行训练的一致性，这样球员会感到更舒适。
4. 从一个训练到下一个训练和从一个阶段到另一个阶段要有组织性，并转换迅速。
5. 在训练开始前告诉球员训练将包含什么内容。
6. 一有机会就应该让球员喝水。
7. 注重提供积极的反馈。

　　你也可以以赛代练来增添乐趣。在第6章和第9章中，你将会看到47种模拟比赛的训练。在赛季中，每周周末可以举办队内训练赛，使训练更具多样性。

第2章

准备工作

你 已经了解了作为教练所需要的"工具"：理解、展望、情感、性格、幽默感，以及作为教练的责任，为球员提供安全环境的方法，技术教学的方法和营造乐趣。这些是作为一名好教练必不可少的，没有这些，你管理球队将会很艰难。你必须确保采取合适的措施为赛季做准备。本章将探讨如何设计一个赛季计划，以及如何执行这些计划。另外，本章还将为你介绍作为教练所需要的知识，篮球比赛是如何进行的，篮球规则说明和处理伤病的具体措施。

赛季计划

你的赛季计划是整个赛季的一个缩影。在与球员第一次训练前，你必须坐下来制定一份赛季计划。在日历上标记每次训练和比赛的日期，然后给这些训练从头编号。这些训练的编号将会成为你赛季计划的基础。现在你可以按照你的赛季计划，从一场训练到下一场训练，快速概括你希望在每次训练中进行什么训练。你应该标记出每次训练的目的、将会训练什么技术和你将会练习什么活动。

赛季前家长会

球员的父母需要确保他们儿子或女儿的教练既有丰富的运动知识，也关心小球员的利益。为了让他们放心，你可以召开一个赛季前家长会，在会上你可以介绍你的背景和教学方法。

赛季前家长会大纲

1. 列出所需要的文件资料。
   - 球员出生证明复印件。
   - 完整的球员申请和缴费记录。
   - 前一年的成绩单。
   - 知情同意书（见246页附录）。
2. 说明篮球的固有风险和其他安全问题。
3. 告知家长发放球衣和装备的日期和时间。
4. 回顾赛季训练安排，包括每次训练的日期、地点和时间。
5. 细数一遍每次训练球员应该穿的衣服和装备。
6. 讨论球员的营养、水合作用和作息。
7. 说明球队的目标。
8. 记下联系方式：电子邮件、紧急联系电话、互动网址等。
9. 讨论家长可以帮助球队的方式。
10. 讨论教练、球员和家长的行为标准。
11. 预留家长提问的时间。

在赛季期间，如果家长联系你，说出他们的评价和担忧，你应该认真聆听他们的声音，并试图给出积极的回应和解决方法。如果你需要与家长交流，最好的方法包括在训练后跟他们当面交谈、给他们打电话或给他们发邮件。通过小球员向他们传递的信息经常会有误或被遗忘。记住，经常与家长交流远远好于不交流。

以下是关于赛季计划的详细介绍，分别针对不同的年龄组：5~6岁、7~8岁、9~10岁、11~12岁和13~14岁。

指导建议 在制定赛季计划时，记住在你的训练中加入模拟比赛的活动。这些活动注重模拟比赛环境。使用模拟比赛的活动能更好地增强球员的体质和提高他们的心智，使球员达到正式比赛的要求。

5~6岁年龄组的赛季计划

这个年龄组的球员是篮球的初学者，你应该向他们全面解释和展示篮球术语。我们建议篮球与球员的数量比例为1∶1，所以你应该在训练中加入个人练习。对于5~6岁年龄组的球员来说，在赛季中应该涵盖以下概念和技术。

- **心理层面**。分享、公平竞赛、父母参与、"如何打球"、情绪管理。
- **身体素质**。平衡、跑动、跳跃、热身（引入如何热身的概念）、移动能力。
- **技术技能**。带球和不带球移动、步伐、运球、投篮和传球。
- **战术技能**。向哪个篮筐投球。

7~8岁年龄组的赛季计划

这一年龄组的大部分球员都已经接触过篮球，但是还有一些是初学者。这一年龄组的赛季计划是建立在5~6岁年龄组的赛季计划的基础上，旨在使球员再继续提高基本的篮球技术。我们建议篮球与球员的数量比为1∶5，所以你可以安排单人练习、双人练习、小组练习和规模更大的分组练习。对于7~8岁年龄组的球员来说，在赛季中应该涵盖以下概念和技术。

- **心理层面**。团队合作、自信、欲望、内心演练、内在激励、处理危机、如何从每场比赛中学习、良好的体育行为、父母参与、情绪管理。
- **身体素质**。速度、力量、有氧运动。
- **技术技能**。传球（胸部传球、击地传球、头顶传球和单手推传）、运球（速度、掌控、交叉步、后退运球）、投篮（上篮、立定投篮、跳投、罚篮）、进攻和防守脚步（滑动、转身、跳步和空切）。
- **战术技能**。带球训练和不带球训练、传球穿过防守球员、快攻（2打1、3打2和4打3训练；占据进攻路线；快速出球）、交流、中场分析、进攻战术、具体打法、防守原则（包括人盯人和区域联防）。

9~10岁年龄组的赛季计划

这一年龄组的赛季计划类似于7~8岁年龄组的赛季计划，球员继续打磨基础技术。我们建议篮球与球员的数量比为1∶5，所以你可以安排单人练习、双人练习、小组练习和规模更大的分组练习。对于9~10岁年龄组的球员来说，在赛季中应该涵盖的概念和技术与7~8岁年龄组的相同。

11~12岁年龄组的赛季计划

在这一阶段，球员继续打磨他们前几年学习的技术。这一阶段的赛季计划建立在前几个年龄组的赛季计划的基础上，并加入少量几项新技术。许多技术和更低年龄组的技术一样，但重点将放在比赛的不同方面。对于11~12岁年龄组的球员来说，在赛季中应该涵盖以下概念和技术。

- **心理层面**。团队合作、自信、欲望、内心演练、内在激励、处理危机、如何从每场比赛中学习、良好的体育行为、父母参与、情绪管理。
- **身体素质**。速度、力量、有氧运动。
- **技术技能**。传球（头顶传球和运球后传球）、投篮（立定投篮、强行投篮、接传球跳投和运球跳投）、内线移动和横移防守。
- **战术技能**。针对人盯人防守和区域联防设定进攻战术、全场防守、快攻（进攻路线和二级快攻）、全场紧逼、发边线球战术、传球穿过防守球员、跳球。

13~14岁年龄组的赛季计划

和前一个年龄组一样，在这一阶段，球员继续打磨他们前几年学习的技术。技术要求和更低年龄组的相同，但与11~12岁年龄组一样，13~14岁年龄组的重点也是放在比赛的不同方面。对于13~14岁年龄组的球员来说，在赛季中应该涵盖的概念和技术与11~12岁年龄组的相同。

训练计划

教练几乎不相信他们有足够的时间训练所有他们想要训练的科目。为了帮助你组织思绪和朝着训练目标前进，你应当制定训练计划。这些训练计划将帮助你展望和准备一个赛季的训练，并有效地组织和开展这些训练。

首先，你的训练计划应当适合你指导的年龄组的球员，这点也是最为重要的。你的训练计划应包含具体年龄组的赛季计划中提到的所有概念和技术，训练活动应该从简单到复杂。

5~6岁年龄组的训练计划的重点在于个人技术的提升。同时应该包含一些比赛（如2对2和3对3比赛）来帮助球员提升个人技术。

7~8岁年龄组的训练计划基本与5~6岁的一样。训练计划重点依旧在提升个人技术上，但在赛季中加入一些更高级的技术，如团队进攻和团队防守。

9~10岁年龄组的训练计划重点在于提升更高级的个人技术。这一阶段的技术学习集中在基础的团队进攻和防守，以及团队技术，如快攻转换、挡拆和空切。

11~12岁年龄组训练计划的重点开始从个人技术提升转移到进一步的团队进攻和防守。大多数训练都同时针对多项技术。这一阶段的技术主要集中在团队进攻和防守的其他方面、快攻和边线球战术。

13~14岁年龄组的训练重点依旧是提升团队进攻和防守。除了与团队进攻和防守相关的高级技术、快攻和边线球战术，这一年龄组的球员还需要重点提高比赛时他们所处位置需要的技术，如内线进攻和外线进攻。

各个年龄组训练计划示例见第3部分。

设施和装备

要求定期检查球员训练和比赛用的场馆。移除障碍物，及时报告你无法处理的状况，必要时要求维修。如果不安全的状况依旧存在，你应该采取措施避免球员的安全受到威胁，停止训练或比赛，直到安全的条件得以恢复。为了防止伤病的发生，你还应该检查队服、训练服和其他装备的质量以及是否合身。参考附录的设施和装备清单（见第245页），检验设施和装备是否安全。

初步应急措施

无论你的预防措施做得多好，还是很可能会发生伤病。当伤病真正来袭时，你很有可能是当时负责的人。伤病的严重性和性质将会决定你在处理时的参与程度。但是不管球员受的伤有多严重，你有责任知道要采取什么措施，所以当伤病发生时，你必须准备好要采取的适当措施，提供基本的急救护理。

做好准备

做好提供基本急救护理的准备包含很多事情，包括接受心肺复苏训练和急救训练，手边备有急救包以及准备应急计划。

心肺复苏和急救训练

我们建议所有的教练都在国家认证的机构进行心肺复苏和急救训练，如美国国家安全委员会、美国心脏协会、美国红十字会或美国运动教育项目组。心肺复苏训练包括学习针对儿童和成人的呼吸道阻塞的救援程序，以及提供基本的生命支持。

应急计划

在做好应对严重伤病的准备时，一份好的应急计划是最后一步。应急计划分为以下3步。

1. **评估球员的伤病**。使用你在心肺复苏和急救训练中学到的知识。确保你的证书在有效期内。经常练习急救技术，使你需要运用这些技术时可以信手拈来。

2. **呼叫合适的医护人员**。如果可以，把寻求医疗救助的责任分给一个稳重又负责任的成年人，这个成年人应该参与所有的训练和比赛。列一个应急电话单，并在每次训练和比赛时都随身携带，应包括以下电话号码。

- 营救单位。
- 医院。
- 外科医生。
- 警察。
- 消防部门。

每次训练和比赛都带上每一名球员的紧急情况信息（见248页附录的紧急信息卡）。这些信息包括紧急情况发生时的联系人、该球员正在使用什么类型的药物、对什么药物过敏等。

把应急卡（见第249页附录的应急卡）给负责寻求紧急援助的联系人。准备好这些信息，会让联系人更容易保持镇定。你还必须填写一份伤病报告表（见第247页附录）并存档。

3. **提供急救**。如果伤病发生时医护人员不在身边，你应在你的资质范围内提供急救护理。同样，你需要运用你在心肺复苏和急救培训中学到的知识，你必须记住以下步骤。

- 如果球员头部、颈部、背部受伤，或者大关节（脚踝、膝盖、肘部和肩膀）脱臼，或者盆骨、肋骨、手臂断裂，这些情况下不要移动伤者。
- 使受伤球员镇定下来，让其他人尽可能远离他。

急救包

一个储备充足的急救包应该包括以下物品。

- 抑菌肥皂或湿纸巾。
- 手臂吊带。
- 运动胶带 [1.5英寸（约3.8厘米）宽]。
- 绷带剪刀。
- 绷带条（混合尺寸）。
- 止血包。
- 手机。
- 隐形眼镜盒。
- 棉签。
- 松紧绷带 [3英寸（约7.6厘米）、4英寸（约10.2厘米）和5英寸（约12.7厘米）]。
- 急救毯。
- 检查用手套（不含乳胶）。
- 眼罩。
- 海绵乳胶 [1/8英寸（约0.3厘米）、1/4英寸（约0.6厘米）和1/2英寸（约1.3厘米）]。
- 昆虫咬伤包。
- 急救电话单。
- 镜子。
- 棉布。
- 指甲刀。
- 口腔体温计（测量球员是否因为疾病而发烧）。
- 手电筒。
- 凡士林。
- 一次性速冷冰袋。
- 人工呼吸面罩。
- 护目镜（急救时用）。
- 安全别针。
- 用于眼睛的生理盐水。
- 消毒纱布片 [3英寸（约7.6厘米）、4英寸（约10.2厘米）宽，最好是防粘的]。
- 消毒纱布卷。
- 防晒霜 [防晒系数（SPF）30以上]。
- 胶带。
- 舌压板。
- 牙齿救助包。
- 三角绷带。
- 小镊子。

资料来源说明：Adapted, by permission, from M. Flegel, 2008, Sport first aid, 4th ed. (Champaign, IL: Human Kinetics), 20.

- 评估受伤球员呼吸是否停止或不规律，如果有必要，用手指清理他的呼吸道。
- 根据从学校、联赛或国家协会推荐的心肺复苏课程中的建议，对球员进行心肺复苏。
- 一直陪在受伤球员身边，直到医护人员到来。

采取适当的措施

当伤病发生时，正确的心肺复苏和急救训练、储备完好的急救包以及应急计划将有助于你做好采取适当的措施的准备。在前文中，我们提到了在你资质范围内提供急救的重要性，在处理伤病时不要把自己当作医生，把那些你可以治疗的小伤病从那些需要专业医疗救治的伤病中区分开来。现在我们来看看从小伤病到更严重伤病应该采取什么适当的措施。

小伤病

尽管对于受伤的人来说，没有伤病看起来是无关痛痒的。但绝大多数伤病既没有生命威胁，也没有严重到限制他人参与急救。当这些伤病发生时，你可以在最初的治疗中起到积极的作用。

刮伤或割伤　当你的球员有开放性的伤口时，你要做的第一件事就是戴上一次性的手套（不含乳胶），或者其他的可有效隔离血液的物品，然后按照以下4个步骤处理。

1. 用清洁的敷料直接按压伤口止血，如果可以，抬高受伤的部位。当你戴手套时，球员可以自己按压伤口。在敷料被血浸透时，不要将其移开，而是直接另取一块敷料压上。如果仍然流血不止，将受伤部位抬到高于心脏的位置，并继续按压伤口。

2. 止血后，彻底清理伤口。用强劲的水流冲洗伤口，也可以用肥皂水冲洗，以防止感染。

3. 用无菌的纱布或绷带保护伤口，如果受伤球员继续训练，在伤口区域使用保护套。

4. 小心地摘下并处理手套，防止你自己接触到其他人的血液。

对于不是因为严重面部受伤而导致的流鼻血，可以让受伤球员坐下，身体稍微前倾。然后捏住球员的鼻孔，如果数分钟后仍在流血，或者该球员曾经经常流鼻血，寻求医疗救助。

指导建议 你不应该因为害怕艾滋病或其他感染病而不去帮助受伤球员。只有当受感染的血液接触到你身体开放性的伤口时，你才有被感染的风险。如果球员携带这种疾病，你戴上的检查用手套会保护你不受感染。关于如何保护你自己和其他参与救助的人不受艾滋病感染，你可以咨询你的运动项目主管、联赛中心或疾病防控中心。

拉伤和扭伤 打篮球需要身体对抗，这就经常会导致肌肉、跟腱（拉伤）或韧带（扭伤）受伤。当你的球员受到的拉伤和扭伤并不严重时，你应该立即采取PRICE伤病护理法。

P	Protect，保护受伤球员使其免受进一步危险和创伤。
R	Rest，支撑起受伤部位，防止进一步受伤，同时有利于康复。
I	Ice，冰敷受伤部位，减少肿胀和疼痛。
C	Compress，把冰袋缠绕在受伤部位。
E	Elevate，将受伤部位抬高到高于心脏，阻止血液大量流向受伤部位。

撞伤和瘀伤 篮球运动员不可避免地会与其他球员或地面接触。在接触发生时，如果作用在球员身体部位的力足够大，就会导致其身体部位肿胀或瘀青。即使有了这样的疼痛点，许多球员仍会继续比赛，但是如果肿胀或瘀青的区域很大或很疼，你就应该采取适当的措施。可使用PRICE方法对伤病进行护理和监控。如果肿胀、变色和疼痛减轻了，球员可以戴上保护性的护具继续参与篮球活动，如果没有，球员应该接受医生的检查。

严重伤病

头部、颈部和背部受伤，骨折以及导致运动员失去意识的伤病属于你不应该单独治疗的伤病。在这些情况下，你应该遵循第20页～第22页中的应急计划进行处理。

如果你怀疑球员的头部受到撞击，无论症状多轻，你应该把它当作一次严重的伤病。如果球员只有轻度的症状，如头痛，给球员父母打电话，让他们立即带该球员去看医生。如果球员失去意识或部分记忆、头晕、耳鸣、鼻子或耳朵流血、视野模糊，你应该立即拉响紧急医疗服务（EMS）警报。更多信息见下面的"注意：青少年运动中的脑震荡"情况说明书。如果你怀疑球员脊柱受伤、关节错位或骨折，不要移除该球员身上的任何装备，除非你在进行救命的心肺复苏时必须这么做。

注意：青少年运动中的脑震荡

什么是脑震荡？

脑震荡是一种脑损伤，是脑部受到撞击或打击造成的。即使头部仅受到轻度的撞击或打击，造成的后果都可能很严重。

脑震荡是无法用肉眼看到的。脑震荡的症状可能在受伤的数天甚至数周后才开始显现。如果球员报告任何脑震荡的症状，或者你自己观察到了，应立即寻求医疗救助。

脑震荡的迹象和症状是什么？

由教练、搭档或监护人观察到的迹象

如果球员在比赛或训练中脑部受到撞击或打击，观察是否出现以下脑震荡的迹象或症状。

- 看起来头晕目眩或目瞪口呆。
- 对比赛任务和位置不清楚。
- 忘记教练的指令。
- 对比赛、得分和对手不确定。
- 移动笨拙。
- 回答问题缓慢。
- 失去意识（即使很短暂）。
- 显现出行为或人格的改变。
- 无法回想起撞击或倒地前的事情。
- 无法回想起撞击或倒地后的事情。

运动员报告的症状

- 头痛或头部有压迫感。
- 恶心或呕吐。
- 平衡问题或头晕。
- 重影或视线模糊。
- 对光线敏感。
- 对声音敏感。
- 感觉呆滞、模糊或乏力。
- 注意力不集中，或者记忆问题。
- 思维混乱。
- 感觉"不对劲"。

如何帮助球员避免脑震荡？

每一项运动都不同，但是所有教练都能够采取措施防止球员发生脑震荡。

- 确保球员遵守教练的安全规则和体育规则。
- 鼓励球员每时每刻都展示良好的体育行为。
- 确保球员穿戴保护性的装备。保护性的装备应该合身且能提供良好的保护，球员应该坚持正确穿戴这些装备。
- 了解脑震荡的迹象和症状。

如果你认为一名球员有脑震荡，你该怎么做？

1. **立即寻求医疗救治。**专业的医护人员能够确定球员的脑震荡有多严重，以及球员何时能够安全返回球场。

2. **不要让球员急于返回球场。**脑震荡需要时间治愈。在得到医生的允许之前，不要让球员回到球场。如果球员脑部伤病还在恢复中就过早地回到球场，那么发生第二次脑震荡的概率会很大。再次发生脑震荡可能是非常危险的。这可能造成永久性的脑部损伤，会影响球员的一生。

3. **告诉其他教练球员最近受到的脑震荡。**所有教练都应该知道球员最近是否因某项运动造成脑震荡。除非你告诉他们，不然他们可能不会知道球员最近在运动或活动中造成的脑震荡。

资料来源说明：Adapted from Centers for Disease Control and Prevention, 2007, Heads up: Concussion in youth sports: A fact sheet for parents.

在以下的章节中，我们将详细介绍你在预防热痉挛、热衰竭和中暑方面起到的作用。另外，热衰竭和中暑的迹象和症状见表2.1。

热痉挛 艰苦的训练加上炎热的天气和大量的汗水流失可能引发肌肉痉挛，这就是通常所说的热痉挛。痉挛在赛季初期最常见，那时气候最热，球员可能对高温最不适应。痉挛是剧烈的肌肉紧缩，能使球员跌倒，让他们不能继续打球。脱水、电解质流失和疲劳是造成痉挛的原因。治疗方法是立即让球员舒缓下来，慢慢拉伸收缩的肌肉。如果痉挛没有导致肌肉拉伤，球员可以在当天晚些时候或第二天继续打球。

热衰竭 热衰竭是由脱水或电解质枯竭导致的球员类似于休克的状况。症状包括头痛、恶心、头晕、寒战、疲劳和极度口渴。大量流汗是热衰竭的一个重要迹象，其他迹象包括脸色惨白、感到寒冷、皮肤湿冷、脉搏快而弱、失去协调性和瞳孔散大。

发生热衰竭的球员应该在阴凉处休息，喝凉的液体，特别是含有电解质的饮料，冰敷脖子、肩膀或腹部让身体降温。如果你认为球员发生热衰竭，应立即寻求医疗救助。无论如何该球员在当天或体重恢复到汗液流失前不可以再参加篮球运动。如果球员必须去看医生，那么除非有医生书面证明，证实其康复，否则该球员不能归队。

中暑 球员中暑后身体停止出汗，体温升高到一个非常危险的温度，可能使球员的生命受到威胁。当脱水导致球员大脑中控制体温的区域出现功能障碍时，就可能发生中暑。症状包括感到极度热、恶心、大脑混乱、易怒和疲乏。迹象包括热、干燥或发红的皮肤、缺乏汗液、脉搏加快、心跳加快、呼吸急促、瞳孔收缩、呕吐、腹泻，还有可能痉挛、失去意识或者呼吸和心脏骤停。

表2.1　热衰竭和中暑的迹象和症状

热衰竭	中暑
头晕	头晕
头痛	头痛
疲乏	头脑混乱、好斗或失去意识
脱水	脱水
大量出汗	湿热或干燥的皮肤
轻度的体温增高	显著的体温升高
恶心或呕吐	恶心或呕吐
腹泻	腹泻
快而弱的脉搏	
肌肉抽筋	

如果你怀疑一名球员已经中暑，应将他立即送往医疗机构，并尽快给他降温。移除该球员身上过多的衣物和装备，用湿毛巾或者往他身上倒凉水给他降温，或者给他冲个冷水澡。将冰袋放到球员的腋窝、颈部、背部、腹部和两腿之间。如果球员还有意识，给他喝凉水或饮料。如果球员已经没有意识，让球员侧卧，使液体和呕吐物可以从他嘴里流出。在医生开出书面证明证实其康复前，中暑的球员不能返回到球队中。

了解规则

篮球比赛有许多规则，但接下来介绍的基本篮球规则并不包括所有的篮球规则，但足够你指导5~14岁球员。接下来我们将介绍篮球的一些基本内容，如球员人数、篮球和场馆的尺寸，以及比赛的时间，这些都取决于你的球队所处的年龄组。我们也会介绍一些其他的内容，如球员装备、球员位置、得分规则、犯规条件，以及如何开始和重新开始比赛。

比赛是如何进行的

篮球比赛的节奏非常快，目的在于把球投进篮筐内。尽管这个目的很简单，但比赛时具体的进攻和防守根据球员的年龄组和比赛的情况而有所不同。另外，根据球员的年龄组和设施的不同，比赛用的球场也可能不同。图2.1所示的是一个标准的篮球场标记线的分布。

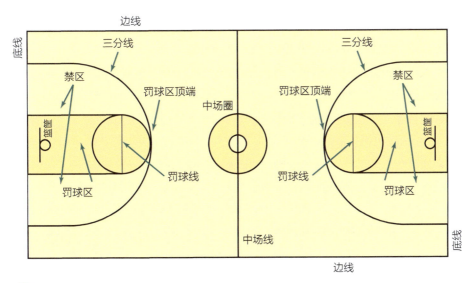

图2.1 标准的篮球场标记线

根据年龄组不同而做出的修改

在开始前，让我们考虑下可以做出什么修改使各项标准更适合不同年龄组的球员。如球场尺寸、篮球尺寸、上场人数和比赛时长都可以根据不同年龄组进行调整，使之更适合不同水平的球员。建议做以下调整。

	5~6岁	7~8岁	9~10岁	11~12岁	13~14岁
球队人数	5	5	5	5	5
上场人数	5对5	5对5	5对5	5对5	5对5
篮球尺寸	青少年专业用球（5号）	女子专业用球（6号）	女子专业用球（6号）	标准专业用球（7号或6号）	标准专业用球（7号或6号）
球场尺寸	短场	短场	短场	全场	全场
罚球线距离	9英尺（约2.7米）	9英尺（约2.7米）	9英尺（约2.7米）	12~15英尺（3.7~4.6米）	12~15英尺（3.7~4.6米）
比赛时长	24分钟	24分钟	24分钟	32分钟	32分钟
暂停次数	4	4	4	4	4
篮筐高度	7英尺（约2.1米）	8英尺（约2.4米）	8英尺（约2.4米）	9~10英尺（2.7~3米）	9~10英尺（2.7~3米）

在第27页图2.1中有几块区域使用了特殊的篮球术语。以下是一些术语的定义。

- **前场**。是指球队进攻篮筐所在的半场。
- **后场**。包括中场线和对手进攻篮筐所在的半场。
- **禁区**。从底线开始延伸的、边长为6英尺（约1.8米）的长方形。
- **外线**。三秒区之外的区域。
- **三分线**。以篮筐为圆心、边长为19英尺9英寸（约6米）的半圆。从三分线外投篮命中算三分，而不是两分。
- **罚球区**。从篮筐下的底线延伸到罚球线的区域，也叫作三秒区。
- **罚球区顶端**。罚球线之外的半圆。

球员装备

篮球需要的装备很少，球员应该穿篮球鞋，这样他们就会与地板产生合适的摩擦力。他们应该穿运动短裤、背心或宽松的T恤，这样他们就能更自由地跑跳和投篮。他们还应该戴安全眼镜或护目镜，以保护眼睛不受伤。另外，球员可以选择佩戴护膝和护肘，且不应该在比赛中佩戴首饰。

你必须检查发给球员的每一件物品，并确保球员们自带的每件装备都是符合标准的。

指导建议 你应该确保每一名球员正确穿戴合适的装备。在赛季初期，应在比赛开始前花一些训练的时间向球员展示如何正确穿戴和处理队服和装备。

球员位置

你应该让年轻球员在攻防两端尝试打不同的位置。通过打不同的位置，球员会有一个更全面的打球经历，而且可能会对篮球更有兴趣。另外，他们能更多地了解在比赛中使用的技术和战术。这会使他们体会到打很难位置的队友所付出的努力。

指导建议 对于小球员来说，特别是5~8岁的球员，应该避免给他们贴上位置的标签，他们应该体验各个位置。

篮球运动中球员的位置通常用数字表示（1~5）。以下是对这些位置的描述。

- **后卫**。在比赛时，一支球队通常在球场上会保持有两名后卫。后卫的位置离篮筐最远，在三分线附近。控球后卫（1号位）通常是由球队最好的控球手和传球手担任。得分后卫（2号位）通常是由球队最好的远投手和第二好的控球手担任。后卫通常是球队中最好的控球手和外线投手。他们一般身高更矮、速度更快，有着很好的控球和传球技术。
- **前锋**。一支球队的上场阵容一般有两名前锋，他们打的位置比后卫更靠近篮筐。小前锋（3号位）也是侧翼球员，通常是由球队中最全能和运动能力最好的球员担任。小前锋必须能够在罚球区和三分线附近发起进攻和进行防守。他必须能够防守更小更快的对手，同时也要能防守更高大和强硬的对手。另一名前锋（4号位）是由更高大的球员担任，大前锋需要在离篮筐12英尺（约3.7米）处把球投进，也需要有不错的篮板球能力。大前锋应该是队中高大的球员和优秀的篮板手，能够在罚球区把球投进。

- **中锋**。大部分球队在场上只有一名中锋。中锋（5号位，同时也叫作内线球员）通常是队中最高大的球员。更大的体型使球员在篮筐附近投篮和抢篮板变得更容易。一名身高较高的中锋也使对手更难以在篮筐附近投篮。中锋也需要有柔和的手感，能够在禁区接到后卫和前锋的传球。

比赛规则

篮球规则的设定是为了让比赛更流畅和安全，防止任何一支球队获得不公平的优势。如果没有规则，篮球比赛会变得混乱不堪。以下是一些基本的篮球规则的介绍。

开始和重新开始

常规比赛通常是从中场跳球开始，如果在常规时间结束后两队打平，加时赛也是从中场跳球开始。在跳球时，裁判从两名球员之间向上将球抛起，跳球球员通常是两队的中锋或是弹跳最好的球员。跳球球员试图将球拨给一名队友（该队友必须在中场圈之外），让他控制住球权。还有一种要进行跳球的情况是两名球员同时控制住球，从而需要通过跳球争球。在这种情况下，两队交替拥有球权。在第一次跳球中没有赢得球权的球队在下一次出现跳球的情况时可以直接获得球权，由一名球员发边线球。

当每节比赛结束后和暂停时，比赛中止，当球出了边线或者裁判吹了违例或犯规哨时，比赛也将中止。当球员接到发界外球或罚篮不中时，比赛开始继续计时。

得分

在常规比赛中，球队在三分线内投篮命中得两分，在三分线外投篮命中得3分。每次罚篮命中得1分（在罚球时，在篮球没有碰到篮圈之前球员不可以进入禁区。如果篮球没有碰到篮圈，则判罚界外球，球权给对方球队）。在比赛结束时得分更高的球队获胜。

犯规

篮球是一项充满接触的运动，球员在不停地移动，与其他球员非常贴近。比赛规则有效防止球队通过粗野和凶狠的动作和战术获得优势。所以，当裁判看到两名或多名球员有非法的身体接触时，他们将会吹罚犯规。犯规的吹罚基于以下几个原则。

- 当一名球员先在场上站好位时，他对该位置有优先权。
- 身体部分不可以延伸到对手的行进路线中。

- 如果一名球员移动到了对手的移动路线中，特别是当对手起跳后，该球员将对这次身体接触负责。
- 所有球员都拥有从其双脚站立处垂直向上的空间。这叫作圆柱体原则。

一支球队犯规过多将会付出代价，犯规越多，惩罚就越严重。一名球员犯规5次就会被罚下场。在常规比赛中，如果一支球队在一节或半场比赛中犯规达到一定次数，那么下次再犯规就直接送对手上罚球线。如果是非投篮犯规，被犯规的球员执行一次罚球，如果罚球命中，就再罚一次。表2.2列举了最常见的个人犯规，以及相应的判罚。

如果是投篮犯规，即与正在投篮的球员发生接触，被犯规的球员执行两次罚球。

表2.2　个人犯规及相应的判罚

犯规类型	描述	判罚
阻挡	用身体阻碍另一名正在移动的球员	犯规
撞人	撞向或推倒站立的防守球员	犯规
打手	用手阻止身前的进攻球员	犯规
拉手	限制一名对手的移动	犯规
非法掩护	阻挡的一种形式，设置掩护的球员在与防守球员发生身体接触时仍在移动	只对更大年龄组的球员吹罚（11~12岁和13~14岁）
背后压人	球员在抢篮板球时越过身前的防守球员	只对更大年龄组的球员吹罚（11~12岁和13~14岁）
推人	用手推开对手，妨碍对手的移动	犯规
抢断犯规	在试图抢断时伸手与运球球员发生接触	犯规
绊人	伸腿或脚导致对手失去平衡或跌倒	犯规

向球员强调不要碰投篮对手的重要性，站位很重要，用脚去占据位置（而不是用手去碰对手），也不要试图越过已经站好位的对手去抢篮板球。

还有其他类型的犯规，如技术犯规。这种犯规是指在未死球状态下未与对手发生身体接触的犯规（比如说脏话、拖延比赛和违法体育道德的行为）。恶意犯规是非常极端的行为，我们希望你的球员不要犯。如果他们在比赛中做出违反体育道德的行为，将被驱逐出场或者判罚技术犯规。在这种情况下，对方球队将获得两次罚球并获得球权（两罚一掷）。

违例

违例是进攻球员犯的错误，结果就是将球权判给防守球队。由于违例而导致的失误（将球权给防守一方）会让教练感到很沮丧。违例可以分为运球违例或超时违例。在表2.3中，我们将违例规则按照球员年龄组的不同进行了修改。

表2.3　违例规则的修改

违例	描述	年龄组				
		5~6岁	7~8岁	9~10岁	11~12岁	13~14岁
运球违例						
二次运球	在停球后再开始运球（防守球员没有打断该球员的运球）或两只手同时运球	允许每名球员每次运球时违例一次，然后逐渐收紧判罚	允许每名球员每次运球时违例一次，然后逐渐收紧判罚	允许每名球员每次运球时违例一次，然后逐渐收紧判罚	吹罚	吹罚
回场	在前场持球进攻的球员将球传回到后场	不吹罚	不吹罚	不吹罚	不吹罚	不吹罚
走步	在没有运球的情况下带球走一步或多步，或者在两次运球之间球停留在手上	在开始运球和停止运球时允许球员多走一步，然后再逐渐收紧吹罚	在开始运球和停止运球时允许球员多走一步，然后再逐渐收紧吹罚	在开始运球和停止运球时允许球员多走一步，然后再逐渐收紧吹罚	吹罚	吹罚
超时违例						
发界外球	在发任何界外球时，发球球员必须在5秒内将球发出	不吹罚	不吹罚	在赛季初期给予警告，赛季后期开始吹罚	吹罚	吹罚
后场	一支球队在后场持球后必须在10秒内推进到前场	不吹罚	不吹罚	在赛季初期给予警告，赛季后期开始吹罚	吹罚	吹罚
投篮时间	球必须在投篮时间耗尽之前离开进攻球员的手。球投出之后必须要碰到篮圈，否则就是违例	不要使用	不要使用	不要使用	不要使用	不要使用

换人

换人就是让场下的球员上场，替换场上的球员。球员上场前必须来到记分台前，告诉记分员他的号码，以及被替换下的球员的号码。在裁判做出上场的动作之前，球员必须在记分台前等待。所有位置的球员（从1号位~5号位）都可以同时替换上场。在所有停表的状态下都可以进行换人。

暂停

当叫了暂停后，比赛中止，教练可以和球员一起走到场边。教练和球员在死球状态或者你的球队拥有球权时向裁判给出叫暂停的信号。暂停分为30秒暂停和1分钟暂停。一支球队在一场比赛的常规时间内可以叫5次暂停（3次1分钟暂停和2次30秒暂停），每次加时赛可以额外叫一次暂停。

裁判执法

篮球规则是由裁判执行的。在青少年篮球比赛中，通常有两名裁判执法比赛。在比赛中，裁判有很多职责，包括有效地将他们的吹罚传递给其他工作人员（如记分员和计时员），以及传递给球员、教练和观众。图2.2a~图2.2u展示了一些常见的判罚手势。

如果你对裁判的判罚有质疑，你应该恭敬地向裁判提出。如果你觉得判罚威胁到球员的安全，应立即向裁判提出。

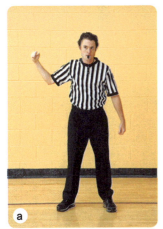

图2.2　裁判手势：a. 开始走表；b. 停表开始跳球；c. 在死球后召唤替补球员

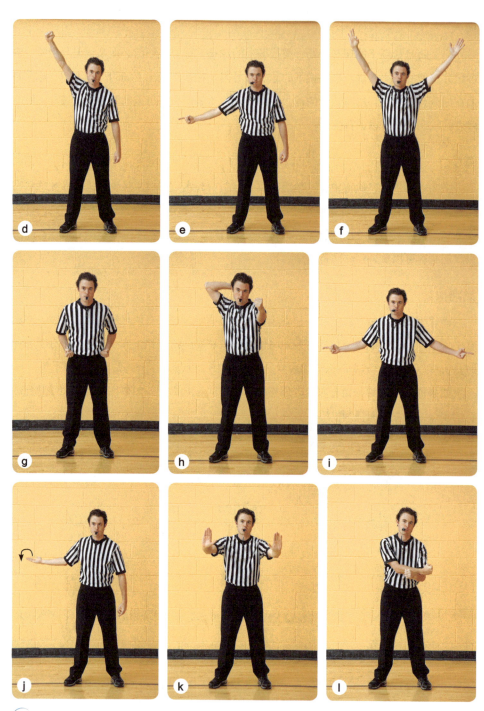

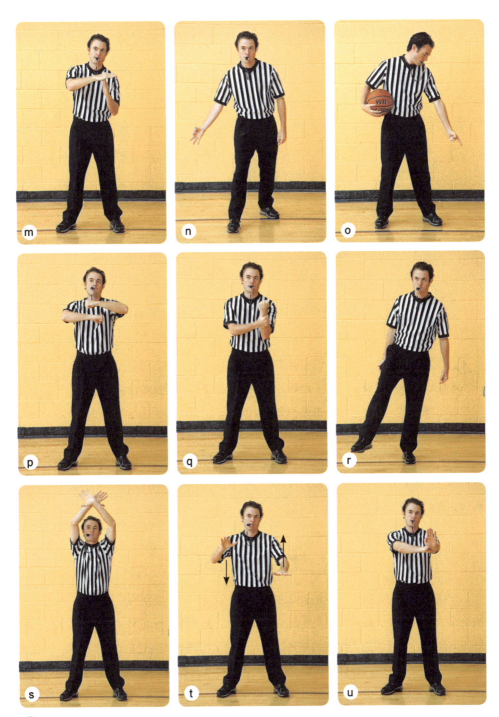

图2.2（续） 裁判手势：m. 技术犯规；n. 3秒违例；o. 指定发界外球位置；p. 走步；q. 拉人；r. 脚踢球；s. 进球无效；t. 非法运球；u. 打手

第 **3** 章

比赛日

比赛为球员提供了展示他们在训练中学到的技术的机会。正如你的球员在比赛日将重心从学习和训练转向了竞赛，你的重心也要从教授技术转移到指导球员在比赛中执行这些技术。当然，比赛也是一个教学机会，但重点在于执行学习过的技术、参与比赛以及享受比赛的乐趣。

在之前的章节中，你已经学习了如何为赛季做好准备和进行训练。在本章中，你将学习如何在比赛日指导球员。我们将介绍一些重要的指导原则，这些原则将会引导你在赛前、赛中和赛后指导球员。

比赛日策略

一些教练会彻夜研究一些复杂的进攻战术，但对于这一级别的球员来说，特别是年龄更小的球员来说，战术无须太复杂。重点应该在于严格执行战术、在进攻端运球和做好团队防守。你应该强调团队的重要性，每名球员扮演好其在进攻端和防守端的角色，每名球员都要知道他们各自的任务。这些应该在每次训练时完成，所以球员在比赛开始前就已知道他们的角色。随着你越来越了解你的球队的特点和能力，你可以帮助他们专注于使他们在场上有更好表现的具体战术。

36

制定比赛计划

正如你需要一个训练计划以明确每次训练的内容，在比赛日你同样需要一个比赛计划。作为一名青少年篮球教练，你的比赛计划应根据球员的年龄组而有所不同。当你在计划和规则比赛日将如何进行时，你应该考虑到以下和年龄相关的要点。

5~6岁	<ul><li>鼓励球员尽最大努力；</li><li>注重帮助球员提高个人技术，从而在比赛中帮助球队获胜；</li><li>尽管比赛很重要，不要在打比赛上花太多时间，以致没有时间进行技术指导</li></ul>
7~8岁	<ul><li>注重帮助球员提高他们的个人进攻和防守技术及一般性的团队观念；</li><li>鼓励球员评估他们的技术，利用自己的时间练习这些技术</li></ul>
9~10岁	<ul><li>对于这一年龄组的球员来说，对手的优势和弱点可以不用考虑，重点在于帮助球队运用他们已经学过的技术；</li><li>使用简单的团队进攻，使球员们更容易地使用他们在训练中学过的技巧和技术；</li><li>提醒球员他们已经学过的进攻和防守的某一方面的要点，让他们在比赛中专注于这些方面；</li><li>在第一场比赛前给球员们安排一个首发阵容</li></ul>
11~12岁	<ul><li>开始使用团队训练，在团队训练中同时使用多项技术；</li><li>开始使用全场训练，包括传球和投篮，让球员在全场训练中使用这些技术；</li><li>开始向球员灌输一些可以在比赛中执行的团队进攻和防守的策略</li></ul>
13~14岁	<ul><li>球员们应该开始关注一两名对手的优势和弱点，他们在比赛中应该遏制对手的优势并利用对手的弱点；</li><li>球队有时候会根据对手的不同而调整打法，但主要目的还是正确执行训练中学习的技巧和技术；</li><li>利用对方的弱点，使用更复杂的团队进攻和防守</li></ul>

指导建议 当制定比赛计划时，记住你需要让你的球员明白你希望他们在比赛时的攻防两端做什么。在比赛日的前几天就应该向球员们明确说明。在每次训练开始或结束时花些时间向球员说明你对他们在比赛中的期望。

在比赛前的一周，你应该告知球员你认为会奏效的战术和你准备在比赛时使用的战术。挑选出几个你想要在比赛中使用的进攻战术和主要的防守策略。尽量在每次训练中都练习这些战术，确保每名球员都理解这些战术，并且能够准确无误地执行。不要选取太多的战术，这样你在训练中就有足够的时间反复训练几个战术，当你在比赛的某一时段要求他们执行一项战术时，他们有信心能完成。

根据球员的年龄水平、经验和知识，你或许想要他们帮你决定你在比赛中首先使用的进攻战术或防守策略。教练的责任是通过运动经验帮助小球员成长。可以让球员帮助其他球员学习比赛，并让他们参与到计划制定中，这通常是教练独享的权力。这也让球员有了归属感。球员们不是在执行教练的命令，而是在执行他们帮助制定的进攻战术。参加过球队战术讨论的小球员在执行这些战术时也会更有热情和动力。这个技巧也有助于球员和教练建立信任。

赛前热身

球员到达比赛场地后，需要在身体和思想上做好比赛的准备，身体上的准备包括热身。我们建议球员在比赛开始前30~45分钟到达球场开始热身。你应该在比赛开始前45~60分钟到达比赛地点，检查比赛设施（见第245页附录的设施和装备清单），与场地协调员和裁判核对，在球员们到达场馆热身时迎接他们。赛前热身和训练前的热身相似。在比赛日前，你应该带领球员们过一遍他们怎么进场以及在哪里排队集合进行热身。热身应该包括几个简短的比赛、技术练习、拉伸和大幅度的身体活动。例如传球训练，即让球员跑动，然后接球。

你应该避免讲一大段鼓舞士气的话（2~3分钟就好，不要超过5分钟），但你可以通过提醒他们在近期训练中掌握的技术，让他们的注意力集中在他们的优势以及他们一直做得很好的地方上，从而帮助球员在思想上做好比赛的准备。同时你还需要提醒球员他们应该打得像一个整体，努力拼搏、享受比赛。

指导建议 在每场比赛前你都应该有一个事先安排的计划或固定的安排。这能帮助球员缓解压力和建立自信，特别是那些年龄小的球员。一个赛前的例行计划能够让球员忘记外界的干扰，进入脑中设定好的框架，专注于比赛。

比赛时间

正如之前提到的，你不需要制定一个复杂的比赛策略，但在整场比赛中，你需要在几个方面制定战术决策。你要决定谁来进行跳球，什么时候换人，对球队的战术进行微调，处理球员在场上的糟糕表现。

先发和替补阵容

当你考虑球员的上场时间时，确保球队中的每名球员都至少打半场比赛。当你考虑先发和替补方式时，这应该是你的指导原则。在整个赛季中，如果每名球员都先发至少一场比赛，这将是很好的。你应该意识到有些球员打先发比打替补打得更好。我们建议你在换替补时考虑以下两种方式。

1. **单个球员替换**。即用一名球员替换另一名。这种替换方式使你在决定谁什么时候上场时有很多选择，也使整场比赛中场上可能出现最多的阵容组合。采用这种方式时，记录球员的上场时间会比较困难，但将这项任务交给助手或一名球员的父母会使这项任务变得更简单。

你可以让替补球员打某一节比赛的剩余时间，特别是当你指导年龄小的球队时。例如，你可以告诉一名球员，他将要打每节比赛最后的4分钟。或者在每节比赛进行到6分钟时他将会替补上场。这样就让球员知道他什么时候会上场比赛，帮助他们做好上场比赛的准备。

另外，如果一名球员打得太吃力以致他要求被替换下场，你应该允许他在做好准备后让他重新上场。这样就让球员知道他们可以努力打比赛，而不用担心别人会将他替换上场，或者担心被换下后没机会再上场。

2. **按照整节比赛替换**。在每节比赛结束后再替换球员的方式的优点是你可以很容易记录球员的上场时间，球员知道他们在被替换下场前将在场上打多长时间。当按节替换球员时，你依然需要记录每名球员的真实上场时间。

暂停和中场休息

在指导年龄小的球队时（5~6岁、7~8岁或9~10岁），你不应该在比赛中大幅度调整你的比赛策略，而是要专注于一些基本的比赛策略，在暂停时你应该向你的球队强调将要打的具体战术。然而，在指导11~14岁的球员时你可以对球队的战术做出调整，以提高球队的表现，帮助球队赢得比赛。随着比赛的进行，你可以评估你的对手的打法和战术风格，然后做出已经准备好的、合适的调整。当你在调整球队战术时，你可以考虑以下几个方面。

- 你的对手通常是如何发动进攻的？他们是否想要绕过、穿过或是突破你的防守？这些将帮助你调整你的防守。
- 你的对手球队中哪些是最强的球员？哪些是最弱的球员？在你确定了那些最强的球员后，安排技术掌握得最好的球员防守他们。

- 对方的前锋是否速度很快而且很强悍？他们是主动去接球还是绕过防守去接球？他们的进攻模式会影响到你如何指导你的球员去防守他们。

- 在防守端，你的对手是否进行高强度的防守？或者你们控球后他们是否退回到防守位置？针对这两种防守你应该使用不同的进攻策略。

- 问你的球员"你防守的球员在比赛中做得好吗？"然后再问"你是否能够阻止他们发挥他们的优势？"这将帮助球员们在比赛中针对对手的优势做出调整。

知道这些问题的答案将会帮助你制定一个有效的比赛计划，同时也帮助你在比赛中做出适当的调整。然而，在比赛中不要太过强调战术，这样做会使球员觉得比赛没有乐趣。如果你不相信你的记忆力，带上一支笔和一个便签本，记录下次训练时你需要注意的球队战术和个人技术。这项工作应由你的助手来做。

与对方教练和裁判的交流

你必须尊重你在比赛中遇到的对手和裁判。没有他们，就无法进行一场比赛。对手为你的球队提供了检验、提升和超越自己的机会。裁判为球员们提供了一个公平和安全的比赛环境，并且帮助他们学习比赛规则。

你和你的球员应该在比赛中全力以赴，举止文明，以示对对手和裁判的尊敬。不要允许球员飙"脏话"或讽刺对手和裁判。这类行为是对竞赛精神的不尊重，如果你的某一名球员在这方面违背了球队规定，立刻将这名球员替换下场。

记住，这一级别的裁判通常也是青少年，很多情况下并不比你的球员大多少，这一级别的判罚和这一级别的比赛应该是相称的。换句话说，不要期待裁判比你的球员更完美。特别是对于较小年龄组的比赛来说，裁判不会每次都吹罚，因为这样会使比赛频繁中断。你也许会发现在低年龄组的比赛中裁判只会吹罚最不能容忍的、会影响比赛结果的违例或犯规。只要裁判的判罚尺度对两支球队一致，即严重的违例和犯规会被吹罚，那么你对判罚的担忧也可以消除。

如果你总是对裁判大喊大叫或不同意裁判的判罚，这就会成为你的球队打不好或输球的借口。不要因为责怪裁判而让你的球员有借口消极比赛或输掉比赛。

与父母交流

赛季前家长会（见第16页）已经奠定了与父母交流的基础。在家长会上，家长们学会了支持他们的孩子以及整个球队在场上拼搏的最好的方式。你应该鼓励家长们在评价孩子们成功与否时不要只看比赛的结果，而是取决于孩子们是如何提高他们的表现的。

如果在比赛中孩子们一旦犯错家长就朝他们大喊大叫，诋毁裁判和对手，或者对你使用的战术大声指导，那么你应该让他们克制，希望他们通过他们的言行来支持球队。这些行为准则应该在赛季前家长会中提到。

如果时间允许，家长可以在比赛前（在球队入场前）聚集在一起，你可以让他们大体知道球队在过去一周主要做了什么，以及你在比赛中希望达到什么目的。无论如何，你的球员还是在第一位的，所以在赛前热身时你还是要把重点放在球员身上。

在比赛结束后，迅速召集球队，然后决定对球队说什么。如果有机会，你可以与家长们一起评估球队表现，不仅包括比赛结果，还包括球员是否发挥出了最佳能力。帮助家长把比赛看作是一个过程，而不只是一个通过了或失败了的测验。鼓励家长在家时强化这种观念。如果有家长在赛后有直接的抱怨，暂时不要与他们交流，在24小时候再与他们讨论。

赛后行为

在比赛结束后，与球队一起祝贺对方教练和球员，也别忘了感谢裁判。记住检查球员在比赛中受伤的情况，并指导球员在家中护理伤病。与裁判交流比赛中出现的任何问题。然后开一个简短的赛后会议，不管比赛结果是输是赢，确保球员的健康和心态平衡。

赛后你最应关注的是球员的态度和心理健康。你不希望球员在赢得比赛后情绪太兴奋或输掉比赛后情绪太失落。这是你在保持球员的心态平衡方面最能发挥影响力的时候。

指导建议 为了使球员在赛后保持一个平衡的心态，你可以提及下一场比赛的对手。这在一场大胜后是非常有效的，球员开始想下一场比赛，而不是他们刚刚打完的那场比赛。

在庆祝胜利时，确保你的球队的庆祝方式并没有不尊重对手。开心地庆祝胜利是没问题和合理的，但不能让你的球员奚落对手或吹嘘胜利。如果你们输了比赛，你的球员们会自然而然地感到失落。如果你的球队已用尽全力，让队员们知道这一点。在输球后，帮助球员们挺起胸膛，在下一次训练和比赛中保持积极的态度。输赢不仅是体育的一部分，也是人生的一部分。如果你的球员能够很好地对待输赢，那么他们无论做什么事情都会成功。

在赛后，把球员们召集到一个指定的地点开一个简短的赛后会议。在会议前，想清楚你将要说什么和谁将要发言。确保赛后发言人们的发言保持一致。

如果你的球员在一场比赛中表现很好，你应该夸奖和祝贺他们。不管他们是输是赢，告诉他们在比赛中表现得好的地方。这会增强他们在下次比赛中重复良好表现的意愿。在赛后，不要当着整个球队批评表现糟糕的球员，也不要试图再讲战术问题。你应该帮助球员提高他们的技术，但应等到下次训练时再这么做。比赛刚结束后，球员吸收不了太多的战术性信息。

最后，确保你的球员有交通工具回家。你应该最后一个离开场馆，从而能够监管到所有球员。

保持合理的远景

赢得比赛是篮球运动的短期目标，长期的目标是帮助你的球员学习篮球技术、战术和规则，如何变得更健康，如何在篮球运动和人生中做得更好。当小球员通过参与篮球运动成为一个更好的人时，他们才"获胜"了。当你是一名教练时，把这一点记在脑中。你有权力为球员如何看待比赛定下基调。正确看待获胜和竞争，给你的小球员树立好榜样。

第 2 部分

教学

篮球教练的目标在于教会孩子们篮球技术，帮助他们塑造强健的体魄和树立正确的价值观。教练在赛前、赛中和赛后都应该指导球员。"教学"和"指导"非常相近，但又有明显的不同之处。在接下来的部分中，我们将重点介绍教学的原则，特别是技术和战术的教学原则。这些原则也适用于教授价值观和体能锻炼。根据这些原则，你可以设计出有效和有效率的训练方法。然后你就可以教会他们赢球所需的技术（这些技术将会在第4章、第5章、第7章和第8章中详细介绍）。

篮球技术教学

许多人认为，教一项技术所需的唯一资格就是能够执行该技术。尽管能够执行该技术对教学很有帮助，但让球员成功掌握该技术需要做得还很多。即使你以前没有做过该技术动作，但根据IDEA方法，你依然可以学会如何把这项技术教给球员。

I　Introduce（介绍技术）。

D　Demonstrate（演示技术）。

E　Explain（讲解技术）。

A　Attend（指导球员练习技术）。

介绍技术

球员（特别是那些年轻的、没有经验的球员）需要知道他们学习的技术是什么，以及为什么要学习该技术。所以在向球员介绍技术时，你应该遵循以下3个步骤。

1. 让球员集中注意力。

2. 给技术命名。

3. 讲解技术的重要性。

让球员集中注意力

因为小球员很容易分心，你应该想办法让他们集中注意力。有些教练使用一些有意思的新物品或故事。还有些教练只是在讲解时表现出激情，从而让球员们认真听。不管你用什么方法，讲解时用比平常说话大一些的音量，并且与球员进行眼神交流。

另外，注意球员的位置，让他们能够看见你和听见你的声音。让球员们面向你，站成等间距的两排或三排。确保他们没有看着太阳或其他使他们分心的东西。在你开始讲解前，问他们是否都能够看见你。

给技术命名

你教的某项技术可能会有不止一个常见的名称，在赛季开始前，你要从一个球员的角度决定使用哪个名称（并且一直使用这个）。这样球员就不容易产生迷惑，并且能够提高球员之间的交流效率。当你教一项新技术时，多说几次该技术的名称，这样球员在以后就能够自动联想到该技术的名称。

讲解技术的重要性

正如美国运动教育项目组创始人雷纳·马滕斯所说，"做教练最难的地方是学会如何让运动员学习，所教的运动技术应该对孩子来说是有意义的，而不是仅对教练来说有意义。"尽管一项技术的重要性可能对你来说显而易见，但你的球员可能不像你一样清楚该技术能够如何帮助他们成为一名更好的篮球运动员。给他们一个学习该技术的理由，告诉他们该技术与更高级的技术有何关联。

演示技术

对于没有做过任何类似于该技术的动作的球员来说，演示这一步至关重要。他们需要一个画面，而不只是语言描述。他们需要知道该技术是如何被执行的。如果你无法正确地做出该技术动作，让你的助理教练、你的一名球员或其他更熟练的人来演示。

指导建议 你应该详细地写下你将要教的每一项技术。这将帮助你理清将要说什么，以及如何演示和教授技术给每球员。

以下的建议将会使你的演示更有效。
- 使用正确的形式。
- 多演示几次技术。
- 如果可以的话，放慢动作，让球员看清技术所包含的每一个动作。
- 从不同角度执行技术，让你的球员们能够对该技术有一个完整的视角。
- 用左手和右手，以及左脚和右脚分别演示技术。

讲解技术

如果球员在看一项新技术的演示时能够同时听到关于该技术的讲解，那么他们将会学得更有效率。你应该使用简单的术语，如果可以的话，将该技术与之前学过的技术联系在一起。问你的球员是否能够理解你的描述。一个很好的方法就是让球员们复述你的讲解。问一些问题，如"你们应该先做什么？"和"然后做什么？"如果球员们看起来很不解和不确定，重复讲解和演示。如果可以，使用不同的词语，让球员们从另外一个角度理解该技术。

将复杂的技术分解成更简单的几个部分，会有助于球员们理解该技术。例如，如果你教球员们如何进行身前交叉运球，你可以采取以下步骤。

1. 正确演示整个技术，以及讲解这个技术在篮球中的作用。

2. 向球员分解该技术，指出该技术的组成部分（例如，在膝盖高度运球，运球时抬头看着篮圈，用身体和非运球手保护球）。

3. 让球员演示你已经教过的技术的每一个组成部分。

4. 在球员展示了他们按顺序完成各个部分的能力后，再讲解整项技术。

5. 让球员在模拟比赛环境中练习该技术。

小球员集中注意力的时间很短，花很长时间演示和讲解一项技术会让他们失去注意力。因此，你用于介绍、演示和讲解的时间不宜超过几分钟。然后再开始训练和比赛，让球员在训练和比赛中学习技术。

和球员一起训练技术

如果你挑选的技术是在你的球员的能力范围之内，并且你也有效地介绍、演示和解释了这项技术，那么你的球员应该做好了尝试该技术的准备。一些球员，特别是年龄小的球员，在他们最初几次尝试做该技术时需要手把手指导。用这种方法有助于球员在单独执行该技术时获得信心。

如何适当地进行你的训练

在进行技术教学练习前，你应该做以下步骤。

- 给技术命名。
- 讲解这项即将练习的技术。
- 让球员们正确站位。
- 讲解该技术将要达到什么目的。
- 说明开始训练的指令。
- 确定结束训练的信号，如哨声。

在你介绍完该训练、球员重复练习数次之后，你会发现仅仅喊出该训练的名称，球员就会自动排好队进行该训练。

你应该着眼于整项技术，然后将它分解成几个部分。例如，当教投篮时，你可以使用BEEF分解法，这将帮助你的球员更好地学习投篮技术。

B Balance（平衡，投篮手一侧的脚的位置稍稍前于另外一只脚，以保持平衡）。
E Elbow（手肘，投篮手肘应该与同一侧的脚和膝盖呈一条直线）。
E Eyes（眼睛，眼睛应该一直看着篮筐，而不是看着空中的球）。
F Follow-through（跟进动作，在球出手后，投篮手的拇指应该指向地面）。

在球员明白如何执行该技术前，你的教学任务不会结束。事实上，当你在帮助你的球员提高他们的技术时，你的教学角色才刚刚开始。你的教学任务的一个重要部分包括密切观察球员在投篮测试中的表现。通过使用积极的反馈，发现并纠正他们的错误，帮助他们提高技术。记住你的积极评价将会极大提高球员练习和表现的积极性。

请记住，一些球员可能需要单独指导。所以在训练前、训练中和训练后抽出时间进行一对一指导。

帮助球员提高技术

在你成功教授球员某项技术的基本法则后，你应该着重帮助他们提高该技术。球员们学习和提高技术的速度不同，所以当进度看起来很慢时不要气馁，而是应该帮助他们打磨技术，发现并纠正他们的错误。

打磨球员的技术

你的主要教学任务之一就是鼓励积极的努力和行为，当你看到球员成功执行某项技术时，你应该鼓励他们。当一名球员在练习中传出一个好球时，你应该立即说"就是该这么做，不错的跟进动作"。再加上一个笑容和竖起大拇指的动作，这将会帮助该球员加强该技术。然而，有时候你可能需要反复进行枯燥的讲解，球员才能做出正确的动作。当你的球员没有执行正确的动作时很难夸奖他们。遇到这种情况你应该如何帮助他们打磨技术呢？

打磨技术需要球员们的不断训练和你的耐心。球员不可避免会犯错，当一个球员传出一次好球时，告诉他这次做好了并不能保证下次也能同样成功。当你的球员每次做一项技术动作不能始终保持一致时，你可能会感到沮丧。当你的球员反复做错一项技术或他们失去学习的热情时，你所面临的挑战更大。当你看到球员忽视你的建议，继续犯着相同的错误时，你肯定会感到沮丧。

尽管在技术教学中感到挫败很正常，但一名成功的教练能够控制这种挫败感。当出现挫败感时不要心烦意乱，使用以下六大指导方针来帮助球员打磨他们的技术。

1. **首先从细节着眼**。当球员做出接近你想要的动作时，鼓励他们。当更接近你想要的动作时，继续鼓励。简而言之，用你鼓励的力量来打磨球员的行为。

2. **将技术分解成几个简单的步骤**。例如，在学习运球时，有个球员在把球控制在身旁方面做得很好，但他运球过高，不能有效地护球。加强他正确的贴身运球技术，教会他如何把运球高度保持在膝盖水平。在他掌握这些之后，你可以着重教他如何护球。

3. **一次提高一项技术的一个组成部分**。不要尝试同时打磨一项技术的两个组成部分。例如，在抢篮板球时，球员必须先把对手挡在外面，然后再去抢球。球员应该先专注于一个方面（球员应该下盘站稳，用他们的背部靠住对手的前胸，从而将对手挡在外侧），然后再专注于另外一个方面（举起双手，起跳抓住球）。如果球员试图同时提高一项技术的两个组成部分，他们在掌握该技术时通常会遇到问题。你应该帮助这些球员专注于一项技术的一个组成部分。

4. **只是偶尔使用强化训练**。通过专注于那些最好的例子，你将会帮助球员继续提高他们已经掌握的技术。当教练使用强化训练时，应允许球员持球练习的时间更长，而不是要经常停下来听教练讲解。篮球技术最好的学习方法就是很多次的反复训练。例如运球，教练需要利用好团队训练时间，使球员持球训练的时间尽可能长。

指导建议 对于年龄更大或技术更高的球员，教练可以叫他们自学。如果有一个合适的引导和积极的球队环境，年轻球员可以自己思考如何执行一项技术，以及如何做得更好。自学最好是在训练中进行，球员也可以尝试自学新技术。

5. **放宽标准**。当球员专注于掌握一项新技术或尝试将该新技术与其他技术结合在一起时，他们已经熟练掌握的技术可能会临时性退化，这时你应该降低你的期望。例如，球员已经学会了如何投篮，他现在学习如何将投篮和运球结合在一起。

当球员学习将这两项技术结合在一起时，他的投篮可能会变得更糟糕。当小球员的身体快速生长时，肌肉、肌腱和韧带的协调性会赶上骨骼的生长，这也会导致球员技术退化。

6. **回到基础训练**。如果一项曾经熟练掌握的技术长时间退化，你可能需要回到基础训练，从而使球员重新掌握该技术。例如，你或许需要回到BEEF投篮训练法，帮助球员重新掌握投篮技术。

发现并纠正错误

好的教练能够发现球员犯两类错误：学习错误和表现错误。发生学习错误是因为球员不知道如何执行一项技术，他们在脑中还未建立起正确执行某项技术的运动模型。出现表现错误不是因为球员不知道如何执行这项技术，而是他们在执行他们会的技术时犯错。发现球员犯的是学习错误还是表现错误并不容易，指导的艺术就在于区分球员犯的是什么类型的错误。

要帮助球员纠正错误，首先需要观察和评估球员的表现，确定他们犯的是学习错误还是表现错误。应该仔细观察球员的表现，看他们是在训练和比赛中都经常犯同一个错误，还是更倾向于在比赛中犯该错误。如果是后者，那么你的球员犯的就是表现错误。对于表现错误，你应该找出球员为什么表现的不如平时那样好，或许他们太紧张，或者他们在比赛中受到干扰。如果他们犯的是学习错误，那么应该帮助他们学习该技术，技术学习是这部分的重点。

当纠正学习错误时，了解这项技术是不可替代的。你越了解一项技术（不仅知道如何正确执行该技术，也知道什么导致了学习错误的发生），就越能帮助球员纠正他们的错误。

指导建议 纠正错误是指导的一部分，但不要一直陷入纠正错误中。当球员朝着进步迈出一小步时，你应该给予积极的评价，也要给予球员自己发现和纠正错误的自由。

在纠正球员的错误时，教练最常犯的一个错误是提供不准确的反馈和建议。不要急于纠正错误，错误的反馈和建议对学习进程的伤害比没有反馈和建议还要大。如果你对造成错误的原因不确定，或者不确定如何纠正这个错误，你应该继续观察和分析，直到你十分确定。通常，在试图纠正一个错误前，你应该反复多看几次这个错误。

一次纠正一个错误

假如你的前锋吉尔在投篮方面有问题。她在其他一些方面做得很好，但她投篮时手肘伸展过度，导致球出手和飞行的弧线太低。而且她在投篮时也未正面面向篮筐。你应该怎么办？

首先，应决定先纠正哪个错误，因为当球员试图一次只纠正一个错误时，他们的学习效率更高。确定一个错误是否导致了另一个错误。如果是这样，先纠正第一个错误，因为这样可能同时消除了第二个错误。然而在吉尔的例子中，没有一个错误导致了另一个错误。在这种情况下，球员应该先纠正更容易纠正的错误，但这个错误被纠正后，球员将会得到最大的提升。对于吉尔来说，最容易纠正的错误是面向篮筐投篮。纠正这个错误后可能会使她在纠正其他错误时更有积极性。

使用积极的反馈纠正错误

纠正错误的积极方法包括强调应该做什么不应该做什么。使用奖励、赞扬和鼓励的话语帮助球员纠正错误。教练应该看到球员的进步，同时也要看到球员为此付出的努力。通过使用积极的反馈，可以使球员们自我感觉良好，让他们获得进步的愿望更强烈。

当你一次指导一名球员时，纠正错误的积极方法包括以下4个步骤。

1. 表扬球员的努力和进步。当球员努力去正确执行一项技术时，以及当他们正确执行一项技术的某一部分时，教练应该给予球员表扬。教练应该保持微笑，然后说"不错的尝试""手肘打开得很好""跟随动作就是这么做的"。你也可以使用非语言的反馈，例如微笑和鼓掌，或者其他表示认同的脸部或肢体语言。

确保你的表扬是真诚的。当球员没有努力时，不要指出他们做了很好的尝试。球员通常知道什么时候他们是真正努力想去正确执行一项技术，他们也能察觉到教练不真诚的反馈只是为了让他们感到更好受。当球员表现不对时，不要说他们的表现是对的。

指导建议 给自己设立一个目标：每次训练时给每一名球员至少两条积极的评价。

2. 给出简单和准确的反馈帮助球员纠正错误。在告诉球员如何纠正错误时，不要给出很长和很详细的讲解，这样会让他们感到有负担。在给出反馈意见前，你应该意识到有些球员会立即接受，对于有些球员来说，如果你稍微晚一点纠正他们的错误，他们的回应会更好。

对于那些讲解起来很复杂和很难纠正的错误，你应该尝试以下方法。

- 讲解和演示球员应该怎么正确地做，不要演示他们怎么做错了。
- 讲解造成错误的原因（如果原因不是那么明显）。
- 讲解你为什么推荐你选择的纠正方法（如果不是很明显）。

3. 确保球员理解你的反馈。如果球员不理解你的反馈，那么他将无法纠正错误。要求球员重复你的反馈，解释和演示该如何正确地做。如果球员无法这么做，你应该有耐心，再次给出你的反馈意见。当你再次给出反馈意见后，再要求你的球员复述。

4. 提供一个能够激励球员改进的环境。即使你的球员理解你的反馈，他们也不会总是有能力立即纠正他们的错误。当错误很难纠正，球员看起来灰心丧气时，你应该鼓励球员坚持到底。对于更难纠正的错误，你应该提醒球员纠正这个错误会花一定的时间，只有努力纠正才会获得改进。鼓励那些没有自信心的球员。说一些鼓励的话，例如"你今天的运球速度快多了，如果加以练习，你将会知道如何贴身运球和更好地护球"，这样能够激励球员精练他们的运球技术。

另外一些球员可能非常有上进心，在这方面不需要你的帮助。对于他们你可以忽视纠正错误中的第四步。你应该尽量提供一个积极的环境，帮助他们进步。

关于纠正错误的最后一点的注意事项是：像篮球这样的团队运动在纠正错误方面还面临一个特殊的挑战。你如何在团队训练或比赛中给予单个球员反馈？你不应该横跨全场对球员大喊纠正他的错误，这样会使他感到尴尬，你可以把他拉到场边去纠正他的错误。这种给予球员反馈的方法有几种好处。

- 一对一的反馈使球员更容易接受。
- 其他球员仍在活动和训练中，他们没法听到你们在讨论什么。
- 因为球队其他成员还在打球，你只能给出简单准确的评论，这样对犯错的球员更有帮助。

这并不意味着在团队训练和比赛中你就不能给出具体和积极的反馈。你可以这么做，以强调正确的团队和个人表现。在给出团队反馈时，记住只给出积极的评价。只在与单个球员讨论时才给出消极的反馈。

第 **4** 章

进攻技术

本章重点是讲解球员需要学习的进攻技术，从而使他们在青少年篮球比赛中有更好的表现。记住，在教授篮球技术时用IDEA方法：介绍、演示和讲解该技术，然后指导球员练习技术。本章还直接与第10章~第14章的训练计划相关，描述了在第10章~第14章中你需要教授的篮球技术。如果你对篮球技术不是很熟悉，你或许会发现观看教学视频很有帮助，通过观看技术教学视频你会看到如何正确地执行一项技术。另外，美国运动教育项目组提供的青少年篮球在线课程也可以帮助你理解篮球技术。

本书中提供的信息仅限于篮球的基础知识和技术。随着球员技术的进步，你也需要提升你作为一个教练需要掌握的知识。提升知识的方法很多，包括从你的经验中学习、观察更有经验的教练执教并同他们交流、学习关于更高技术的资源等。

你将要教给球员的进攻技巧包括站位、脚步、运球、传球和接球、投篮和抢篮板球。掌握这些技术将会使你的球员在比赛中能更好地执行你的进攻战术，或者在比赛中打得更好（见第5章）。这些基本的技术是所有级别球员打好篮球的基础。从青少年级别到职业篮球级别，篮球运动员在每次训练中都要练习这些技术。

进攻站位

当在进攻端时，球员必须时刻努力保持一个良好的进攻站位。这种站位叫作准备姿势。当球员持球时，这种站位也叫作三威胁姿势。

准备姿势

准备姿势，有时也叫作篮球姿势，是所有进攻动作的起始姿势。球员可以从准备姿势有效地执行所有进攻技术，包括投篮、跑位、传球、掩护、转向或跳跃，因为球员已经准备好了向任何方向快速移动。球员在做准备姿势时，双脚与肩膀同宽，膝盖向身体外弯曲（见图4.1）。手掌和手臂高于腰部，使球员看起来尽可能高大。

教练应该在所有的训练中都强调准备姿势，让准备姿势成为球员在做技术动作时的一个习惯。

三威胁

当一名球员接到球后，应该进入三威胁姿势。三威胁姿势是准备姿势的一种，球员双脚张开，身体面向篮筐。这种姿势可以使进攻球员看到整个球场。处于这个姿势的球员可以有3种选择——投篮、传球或运球，防守球员不知道她将会做何种选择。

当进入三威胁姿势时，球员应该双脚张开，身体面向篮筐和防守球员，这样她就有一个很好站位去进行投篮、传球和向左或向右运球。球员应该将球放到臀部的一侧，手肘向外；球员的双手应该始终保持投篮姿势，一只手放在篮球后面，另一只手放在篮球侧面，这样她就能在必要的情况下快速且有节奏地将球投出。位于投篮手同一侧的脚应该稍稍在另一只脚前面，这样球员在选择投篮时能够更好地保持平衡（见图4.2）。为了摆脱防守，处于三威胁姿势的球员应该移动球，把球保持在胸前，永远不要把球拿到腰以下。

图4.1 准备姿势

图4.2 三威胁姿势

进攻脚步

好的脚步对于进攻和防守来说都很重要，但进攻球员相对于防守球员来说有优势，因为他们知道什么时候做什么动作。在抢篮板球时进攻球员可以使用脚步诱骗防守球员失去平衡、实现掩护、空切篮下、避免撞上防守球员和避免被挡在外面。我们将会探讨4种基本脚步——空切、跳步、中枢脚转身和试探步。

当球员能正确运用基本脚步时，球队的进攻也会随之提升；因此，教练应该特别关注球员的脚步，必要时纠正他们的错误。

空切

进攻球员使用空切快速变向（同时保持平衡），摆脱防守球员以获得空位投篮和传球的机会。如果防守球员无法对空切做出正确的回应，那么他们很难跟上进攻球员。

球员在空切前，先小幅缩短步幅，然后设定一只中枢脚，最后中枢脚蹬地发力改变运动方向。例如，如果球员想向右侧空切，他应该把左脚设为中枢脚（见图4.3a），然后用左脚蹬地发力。最后，球员把非中枢脚转向他想要移动的方向（见图4.3b）。当空切时，球员应该弯曲膝盖，从而降低重心，使腿部更有爆发力。空切后，球员应该把手抬起，从而便于接到传球。如果球员在空切时失去平衡，通常是两个原因导致的：球员重心降得不够低，或者球员的头部不在脚的前面。

进攻球员获得空位使用的3种空切类型是V形空切、L形空切和后门空切。

图4.3　向右空切正确的身体姿势

V形空切

当进攻球员在侧翼，防守球员的一只手
或一只脚在传球路线中，阻止球传向该进攻
球员时，该进攻球员就可以使用V形空切。
进攻球员接球的最佳位置在侧翼，即在罚球
线与边线的中间位置。V形空切应该是进攻
球员到达那个位置的首选，因为V形是最简
单的空切方式，也是获得空位的最快方式。
在做V形空切时，进攻球员从侧翼开始移动，
把防守球员带到篮下。进攻球员再把靠近篮
筐的那只脚设为中枢脚，然后再回到侧翼位

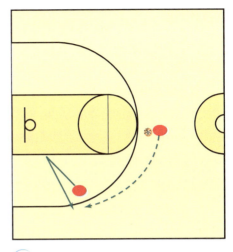

图4.4 V形空切

置接球（见图4.4）。进攻球员向篮下空切的
路线和回到侧翼的路线应该不同（因此叫作V形空切）。

指导建议 年龄较小的球员空切时的路线通常是弧线，或者在空切前他们会减速并缩小
步幅。你应该告诉球员空切必须快而有力，这样的空切最有效，从而可以摆脱防守。

L形空切

当进攻球员在侧翼，防守球员的一只手
或一只脚在传球路线中，阻止球传向该进攻
球员时，该进攻球员也可以使用L形空切。
理想的接球位置也是在侧翼。当球员无法使
用V形空切获得空位时，可以尝试使用L形
空切。在执行L形空切时，球员应该先进入
准备姿势。首先移动到罚球区外侧的一个点
（基本在罚球区中间），然后慢慢将防守球员
带到罚球线的肘区。然后球员将内侧脚设置
为中枢脚，外侧脚交叉步向侧翼移动准备接
队友传球（见图4.5）。

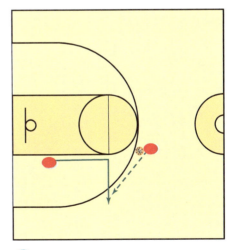

图4.5 L形空切

后门空切

当一名防守球员的一只脚或一只手在传球路线上，阻止进攻球员从外线向侧翼传球时，进攻球员可以使用后门空切。这种空切方式可以减少侧翼的防守压力。因为防守球员阻止向侧翼传球，进攻球员必须使用后门空切，以在篮下获得空位。要执行后门空切，球员应该先移动到外线，把防守球员带到三分线一步之外。然后进攻球员把靠近中场线的脚设为中枢脚，然后再迅速向篮下空切（见图4.6）。

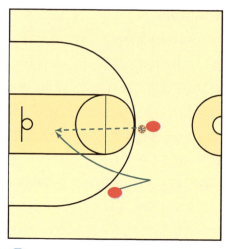

图4.6　后门空切

跳步

当球员在持球或无球状态下跑动时，球员可以使用跳步来达到立即停止的目的。在比赛中球员必须在任何时间、任何位置接到队友的传球。当球员在低位离篮筐8英尺（约2.4米）处面向篮筐接到球时，使用跳步非常有利，因为在那个位置的球员可以用任何一只脚设为中枢脚，这对进攻球员是一大优势。

图4.7　跳步

在跳步前，球员处于跑动状态，然后迅速停止（见图4.7a），双脚同时落地，保持身体平衡，然后进入准备姿势，双脚与肩同宽，膝盖弯曲，身体重心稍稍向脚趾前移（见图4.7b）。球员的手应该举到腰部以上，准备好接球。头抬起，置于腰部前方。如果一名球员在跳步时险些失去平衡，你应该告诉他将重心后移，使后脑与身体呈一条直线（球员失去平衡通常是因为他的头部太过前于双脚）。

在完成跳步后，球员可以选择任何一只脚作为中枢脚，但如果处于持球状态可能不会改变中枢脚（更多信息见"中枢脚转身"）。

中枢脚转身

中枢脚转身是指球员一只脚离开地板，用另外一只脚转动身体。当球员接到球后，他们可以用前转身或后转身来保护球。球员可以在持球和无球跑动中进行中枢脚转身，例如在交叉步运球或进行V形空切时。球员也可以在站立情况下使用中枢脚转身，从而获得进攻优势。

前转身

前转身是指当球员用中枢脚转身时向前移动。当球员面向篮筐时，他们就应该用前转身。当球员面向篮筐时，一个前转身可以使他们能够看见篮筐，同时也没有背对着队友。在做前转身时，球员必须进入准备姿势，双脚与肩同宽，膝盖弯曲（见图4.8a），并在整个转身过程中保持这个姿势。然后球员再抬起一只脚，转身，然后身体向前移动（见图4.8b）。球员应该使身体重心保持在中枢脚的跖球上，中枢脚就是未离地的那只脚。

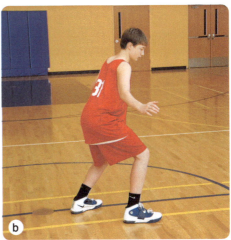

图4.8　前转身

后转身

后转身是指球员用中枢脚转身时向后移动。当防守球员贴身防守，进攻球员在不违例和犯规情况下无法前转身时，进攻球员就可以使用后转身。进攻球员经常使用后转身避免与防守球员发生身体接触。在做后转身时，球员必须进入准备姿势，双脚与肩同宽，膝盖弯曲（见图4.9a），并在整个转身过程中保持这个姿势。球员应该使身体重心保持在中枢脚的跖球上，中枢脚就是未离地的那只脚。

一旦中枢脚选定后，球员不可以再抬起或移动中枢脚，否则就可能被吹罚走步违例。然而，球员传球或投篮时可以抬起中枢脚，但在中枢脚落地前，球必须出手。

图4.9 后转身

试探步

一个试探步是进攻球员直接迈向防守球员的8~10英寸（20.3~25.4厘米）的、非转向性的短步。进攻球员使用试探步来创造自己与防守球员之间的空间。

在做试探步时，球员在接到队友传球后立即进入三威胁姿势，并面向篮筐（见图4.10a），球员的重心应该在中枢脚上，然后用另外一只脚径直向防守球员迈出一小步（见图4.10b）。

图4.10 试探步

运 球

　　简单地说，运球就是在控制住球权的同时在地板上拍球移动。在开始运球时，球员的中枢脚在离开地板前，球必须离手（见第57页"中枢脚转身"一节中所讨论的）。球员在运球时也不可以双手同时触球，或者让球停留在手上。

　　运球是篮球运动不可分割的一部分，对个人和球队的表现都至关重要。然而，运球却是比赛中被用错最多的基本技术。过多的没有目的的运球能够很快摧毁球队的进攻战术，影响球队士气。例如，如果一名球员运球太多，队友就会倾向于不跑动或不做出回应，让对手防守更容易。在学习运球技术时，小球员必须先明白，所有的运球都必须要有一个目的，例如把球在场上推进和把球运到篮下，或者为了获得一个更好的传球角度，把球传到空位的队友手上。球员在找到投篮或传球的机会前应该保持运球状态，在一个无法传球和投篮的不利位置拿起球，叫作"杀死"运球，这通常会导致失误。

指导建议 当运球时，球员应该努力留在球场中间，避免运球到边线或底角。在球场中间，防守球队很难双人或多人包夹持球进攻球员。球员应该把边线看作是另外一个防守球员，始终努力避开边线。

在运球时，球员应该先保持准备姿势，膝盖保持弯曲，臀部下沉，建立手指对球的感觉。当防守球员贴身防守时，球员运球弹起的高度应该在腰部位置，甚至更低。运球时球应该靠近身体，球员应该用非运球手保护球。球员应该始终抬起头，这样就能看见篮筐和球场上的情况，例如防守球员和对手的位置（见图4.11）。

图4.11 运球时正确的身体姿势

运球注意事项

在很多情况下，运球是一项重要的"武器"，但我们知道，运球也是一项经常被过度使用的进攻技巧。以下是你应该告诉球员的运球时的一些重要注意事项。

- 运球时不要低头。如果球员运球时低头，那么他们就无法看到处于空位的队友。
- 不要总用同一只手运球，球员应该两只手都能运球。
- 在运球途中球不能离身体太远，这样容易被防守球员断球。
- 不要在接到传球后就立即开始运球。在接到传球后，球员应该首先面向篮筐进入三威胁姿势，寻找投篮或传球的机会。
- 在找到投篮或传球机会前，不要拿起或停止运球。
- 不要把球运到人群中去，那样很容易被断球。
- 当基本的运球动作就可以达到目的时，不要用花哨的动作。
- 不要犹豫，球员运球时应该果断自信。

教练应该帮助球员在小时候就开始用双手运球。能够用强手和弱手运球说明球员的运球技术有了很大的提升。当球员能够有效地向左侧或右侧运球，这就迫使防守球员在防守时姿势更大，这也使进攻球员有更大的自由选择向左侧或右侧运球。小球员也应该训练运球时变速和变向的能力，这让防守球员更难预测进攻球员的下一个动作。

球员可以使用许多运球过人方式，我们将介绍青少年篮球中最常用的两种运球方式：力量型运球和交叉步运球。我们也将讨论球员突破上篮时可以使用的运球技巧。

力量型运球

力量型运球是指当球员被紧逼防守时大力运球向前移动。力量型运球在突破上篮时最常用，但也可以用于运球摆脱多名球员的防守，例如，当一名球员抢到篮板球后，被数名防守球员包围，但发现没有处于空位的球员可以传球，他就可以使用力量型运球摆脱防守。

力量型运球与之前讲到的运球方式的很多基本面相同，但力量型运球的第一步应该是快而有力的，当球员运球快速移动时，通常是向防守球员左侧或右侧，手应该大力把球拍向地板（见图4.12）。

图4.12 力量型运球

对于所有的运球方法，球员都应该一直抬起头看向篮圈，这样他们就知道球场上正在发生什么。另外，球员在运球时应该用手指拍球，指尖控制球的方向，通过弯曲手腕和手指对球施加力，而并不是通过挥动手臂。

交叉步运球

交叉步运球是指运球人在防守球员面前交叉步运球，从而进行变向（向左或向右），通常是从强手换到弱手。当防守球员试图限制进攻球员往某个方向运球时，进攻球员就可以使用交叉步运球。交叉步运球可用于在开阔的球场上快攻，或者用于创造运球球员与防守球员之间的空间，从而突破上篮或者寻找更好的投篮或传球机会。

在进行交叉步运球时，球员应该先将运球一侧的脚设为中枢脚（见图4.13a），然后在身前交叉运球，在球反弹后交换运球手（见图4.13b），同时腿在防守球员身前迈交叉步，迈向他想要去的方向（见图4.13c）。在变向后，球员应该记得用非运球手保护球。

图4.13 交叉步运球

突破上篮

当控球球员发现一个空当后，他就可以运球突破上篮了。要想正确地执行突破上篮，球员应该靠近防守球员沿直线朝篮筐迈出一大步，也叫作突破步，同时将重心放在中枢脚上（见图4.14a）。突破步应该跨过防守球员的引导脚，缩小进攻球员与防守球员的距离，切断防守球员的退步。然后进攻球员应该用外侧手（离防守球员更远的那只手）运一个长球，在突破的时候抬头看着篮筐（见图4.14b）。在突破防守球员之后，进攻球员应该注意对手的协防，强力上篮，或者传球给能够直接得分的空位队友。

图4.14　突破步

传　球

　　有效的传球是将球移动到高命中率投篮位置的关键。球员通过传球保持对球权的掌控和创造得分机会。传球应该是短而干脆的，球应该传到接球球员腰部以上位置，并在接球球员可触及的范围之内。长传球和没有力度的传球可能会被断掉，球员在传球时也应该避免投掷得太用力，或者使用难以控制的传球方式。另外，如果防守球员在接球球员的左侧，那么尽量将球传到接球球员的右侧。如果防守球员在接球球员的右侧，那么尽量将球传到接球球员的左侧。

　　我们将详细介绍3种类型的传球：胸前传球、击地传球和头顶传球。

指导建议　告诉你的球员，在移动球时，传球的速度远快于运球的速度，所以在运球时，球员应该先寻找将球传给空位队友的机会。

胸前传球

　　胸前传球是指球员用双手将球从胸部位置推出，传到接球球员胸部位置。胸前传球是一种很常用的传球方式，因为球员可以在大部分位置传出精准的胸前传球。

　　在进行胸前传球时，球应该先进入准备姿势，然后向目标队友迈出一步，伸出一条腿、背部和手臂将球传出（见第64页的图4.15a）。在开始传球时手肘向内，手臂伸展后再将球传出，球应该从球员双手的食指和中指传出，这样能更好地掌握球的方向，并使球产生后旋，球出手后球员的手指应该指向目标队友，手掌向外，大拇指和手掌指向地面（图4.15b）。

图4.15　胸前传球

指导建议 尽管球员传球时都应该看到他们的目标队友，但是更高级别的球员应该练习不看人传球，即在传球前不看着目标队友也能知道他们的位置。这就能帮助球员更好地隐藏他想要传球的目标队友。

击地传球

有些时候，球员使球在地板上弹一次后更容易把球传到队友手上。例如，如果防守球员把双手高举过头顶，这可能会阻挡球从空中传向队友。当对手贴身防守时，球员没有空间伸展手臂进行胸前传球，那么他就可以使用击地传球。

在进行胸前传球时，球员应该先进入三威胁姿势，抬头，双手持球，将球放于臀部一侧，保护球不被防守球员拍掉。球员向目标队友迈出一步（见图4.16a），在球出手时大拇指用力将球往下按（见图4.16b），使球产生后旋，击地传球的速度比空中传球的速度要稍慢一些。球击地的位置应该在传球球员与接球球员距离的三分之二的位置，这样球反弹后就能到达接球球员腰部的位置。

图4.16　击地传球

指导建议　通常，一名球员用强手主导传球，施加力使球向一个方向或相反的方向直线移动。球员应该注重在传球时使用弱手，使球的受力更均匀，这样球才会直线向前移动。

头顶传球

当防守球员贴身防守时，进攻球员被迫使用头顶传球，例如，当抢下篮板球后第一传开启快攻时，以及高吊传球给后门空切篮筐的队友时，就可以使用头顶传球。当给低位的球员喂球时也可以选择头顶传球。

在执行头顶传球时，球员应该先进入三威胁姿势，将球高举过前额，手肘弯曲90°（见图4.17a）。球员应该注意不要将球举到后脑，因为从这个位置传球将会花费更长的时间，也使其他防守球员能够更轻易地从背后断球。然后，球员向目标队友迈出一步，伸展腿部和背部迅速将球传出去，球从球员的两个手掌的食指和中指处离开。球出手后，球员的手指应该指向目标队友，手掌向下（见图4.17b）。

图4.17　头顶传球

接　球

如果球员不能接住球，那么即使再好的传球也没有任何价值。粗糙的接球技术通常是导致失误和错过得分机会的原因。

要接好传球，球员应该先向上或向外侧举起一只手臂，让队友看到传球的目标，然后要球（见图4.18a）。在队友将球传出后，球员应该主动向来球的方向移动去接球，然后看着球到达手中（见图4.18b）。球员的双手应该放松，手掌面向传球队友，大拇指并拢，呈现W状。

如果可能，球员在接球后应该直接跳投得分。球员应该进入三威胁姿势，双脚与肩同宽。从这个姿势球员可以转身面向篮筐，寻找处于空位的队友、自己投篮或运球突破上篮。

图4.18　接传球

投　篮

大部分球员都喜欢将篮球投进篮筐的机会，他们在学习投篮技巧时有着很高的积极性。然而，许多球员花很长时间练习投篮，但并没有成为优秀的投手，因为在比赛中的投篮和训练中的投篮并不一样。在你的球员学习了投篮的基本功后，你应该确保他们在比赛的条件下练习投篮。

球员应该先学习如何选择高命中率的投篮，换句话说，就是投可能进的投篮。很明显，球员投篮的位置离篮筐越近，投篮命中的可能性就越高。其他决定高命中率投篮的因素包括防守压力、投手位置、团队进攻、投篮时间和比赛比分。高命中率的投篮机会也因球员的投篮技术特点和他们在球队中所打的位置不同而不同。

当投篮时，球员应该学会瞄准一个具体的目标，通常是篮圈或篮板。大部分球员投篮时会选择篮圈中央作为目标，但当球员与篮圈的角度在30°~60°时，选择篮板作为目标会有助于他们把球送进篮筐。他们应该瞄准篮板上一个小正方形的角，选择打板投篮。如果角度对了，使用篮板可以帮助球员把球送进篮筐。

球员可以用多种投篮方式，包括立定投篮和跳投、罚球、上篮和运球后投篮。

投篮时的弧线

许多球员倾向于朝篮圈投出"直线球"，而不是让球在空中产生一个完美的弧线。弧线可以提高投篮的命中率，因为适当的弧线可以使球在稍稍偏离准心的情况下依然能够进入篮筐。

弧线是由球员投篮时和投篮后手臂和手掌摆放的位置决定的。为了投篮后使球的飞行轨迹成为一条弧线，球员在投篮时应该朝篮筐向上再向外将球投出。球员的肩膀应该放松，处于一个向前的位置。如果球员双手的距离太远，那么就将双手移近一些。球员应该把手臂举得尽可能高，从而达到使弧线更高。一个很好的检验弧线是否够高的方法是检查投篮手的手肘的位置。投篮出手后手肘的位置应该高于眼睛的高度。

立定投篮

立定投篮是指投篮时双脚站在原地不起跳，例如罚球时的投篮。跳投就意味着在投篮时双脚起跳（见第70页）。尽管跳投是更高水平比赛中最常用的投篮方式，但缺乏腿部力量和协调性的小球员更常使用的是立定投篮。

在执行立定投篮时，球员面向篮筐，双脚站立，把投篮手一侧的脚放在另一只脚前面6英寸（约15.2厘米）处，从而创造一个舒适平衡的底部支撑。球应该放在手指上，投篮手放在球后侧稍微向下的位置，非投篮手放在篮球一侧以保持平衡（见图4.19a）。然后球员弯曲膝盖，为投篮蓄力，记住使用腿而不是手臂发力；同时，球员将手肘弯曲到大概90°，将球举过前额到投篮位置，这时前臂与地面垂直，手腕弯曲（见图4.19b）。随着双腿伸展，球员伸展手肘，手腕向前翻转，拨动投篮手的手指，将球投出。在球离手后，球员继续伸展投篮手的手肘，手腕向下翻转，投篮手的食指指向篮筐，大拇指指向地面（见图4.19c）。

图4.19 立定投篮

对于立定投篮来说，球员应该明白，在球出手前，非投篮手的手臂和手掌应该保持在侧边一个支撑线的位置，非投篮手不应该发力把球推向篮筐。为了保证非投篮手的位置正确，确保非投篮手的手指指向球员的耳朵，而不是篮筐。

跳投

跳投和立定投篮类似，只是跳投的出手点更高并且是在起跳后投篮的，而不是在投篮的同时双脚站在地上伸直膝盖。另外，因为球员是先起跳再投篮，球员的上身、手臂、手腕和手指必须发更大的力。

当球员执行跳投时，腰部以上的动作和立定投篮相似。投篮手放在球的后面，手肘与篮筐平行，非投篮手放在球的侧面（见图4.20a）。在跳投时，球员的双脚应该同时垂直起跳，完全伸展脚踝、膝盖、背部和肩膀，在即将跳到最高点时将球投出（见图4.2b）。对于跳投来说，球员在起跳时必须移动球，这样就能对球施加力。如果球员出手太晚，那么投出的距离很可能会过近。在球出手后，球员的投篮手臂继续伸展，非投篮手的大拇指指向耳朵（见图4.20c）。

图4.20　跳投

球员起跳的高度取决于投篮的射程。当在篮筐附近投篮，防守球员又近身防守时，进攻球员要跳得比防守球员高。当进行远距离投篮时，球员通常有更多的时间，防守球员也没有那么近，腿部的力量应该更多用于投篮，而不是用于跳得更高。在跳投时，保持平衡和对身体的控制比跳到最高点更重要。

罚球

尽管罚球的动作和立定投篮（见第69页的图4.19）的动作相似，但罚球需要很强的专注度，因为只有罚球球员一个人在罚球线上。罚球的成功很大程度上取决于球员是否放松和自信，从而完全专注于罚球。

建立一个一贯的节奏和一套固定的动作将会帮助球员达到放松的状态和建立自信。例如，一套固定的动作可以包括运几下球，做模拟罚球动作，深呼吸，有意识地放松肩膀、手臂、手掌和手指等。球员也可以在脑海中练习罚球，专注于一些积极的想法，例如，我投篮很好，或者想象球穿过篮筐。

上篮

上篮是命中率最高的投篮方式，因此也是最理想的投篮方式。上篮是在篮筐3英尺（约9.4厘米）范围内用单手完成的投篮。上篮通常是使用离篮筐更远的那只手完成的，从而保护球不被防守球员打掉。告诉球员当从篮筐左侧上篮时用左手投球，当从篮筐右侧上篮时用右手投球。

当执行上篮时，球员以45°~60°的角度向篮筐跨步，然后以投篮手相反一侧的脚作为中枢脚（见第72页的图4.21a）。然后，球员用中枢脚大力垂直起跳（见图4.21b）。在跳到最高点时，用投篮手托举篮球，将球直接投向篮筐（见图4.21c）。与立定投篮一样，投篮手的食指应该直指篮筐，或者篮板上的一个适当的点。

指导建议 右手球员可能在用左手上篮时有困难，反之亦然。小球员的力量和协调性还不足，所以他们无法从篮筐两侧轻易完成上篮。你可以帮助球员学习从篮筐左侧用左手上篮，例如，教他们想象他们的左膝盖和左肘用一根线绑在一起，所以当他们右脚起跳，抬起左手上篮时，左膝盖也抬起。

图4.21　上篮

　　当上篮时，球员应该使球高打板，这样球就能够掉进篮筐。这样，即使球员被犯规，球也可能掉进篮筐。

运球后投篮

　　运球后投篮是指球员运球到更好的投篮位置后再投篮。相比接球后投篮，运球也有助于球员在投篮时获得更大的力量。

　　在执行运球后投篮时，球员应该先弯曲膝盖，进入一个平衡的姿态。然后，球员在投篮位置面向篮筐，拿起球投篮。球员不应该伸手去捡球，而是等球反弹到投篮膝盖（投篮手一侧的膝盖）的高度时拿起球投篮。当球员在强手一侧运球时（见图4.22a），应该在最后一次运球后起跳（见图4.22b），等球反弹到膝盖的高度时用强手拿起球投篮。投篮时非投篮手应该放在篮球的一侧（见图4.22c）。当球员把球运到弱手一侧时（见图4.23a），应该在最后一次运球后用弱手把球拿起（见图4.23b），用强手完成投篮（见图4.23c）。

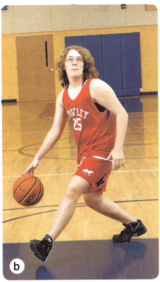

图4.22　强手一侧运球后投篮

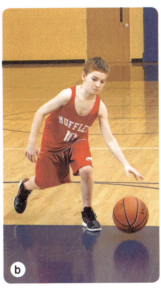

图4.23　弱手一侧运球后投篮

进攻篮板球

当一名进攻球员投篮不中后，进攻球队抢下的篮板球就叫作进攻篮板。如果你的球员进攻篮板抢得好，这将大大增加球队的得分机会。球权主要是通过抢下篮板球获得的，一支球队控制了篮板通常就控制了比赛。与其他的基本篮球技巧相比，抢篮板球很大程度上依靠球员的愿望和勇气。好的篮板手必须能够预料到哪些球不能命中，并判断投篮的力度、将撞击篮球的哪一边。他们也必须时刻清楚他们对手的位置。

当准备抢篮板球时，进攻球员应该进入准备姿势，双手举过双肩（见图4.24a），这样就能够跳到最高点去抢球。球员的手掌和手臂应该完全伸展，这样球员就能够在跳到最高点时拿到球，而不是等着球掉向球员。球员应该用双手紧紧握住球（见图4.24b），在控制住篮板球后，球员应该注意保护球，把球放到下巴的位置，手肘向外（见图4.24c），但同时避免挥肘造成犯规。

图4.24 抢篮板球

抢从两侧投篮的篮板球

对于来自两侧的投篮，进攻球员应该明白球很可能弹向篮筐的另一侧。球员不应该看着球在空中飞行，而是应该寻找篮筐另一侧的空位，先占好抢篮板球的位置。进攻球员可以向底线使用V形空切（在第55页讨论过）到达篮板球位置，从而把防守球员挤到外面。进攻球员也可以使用中枢脚转身（在第57页讨论过）绕过防守球员获得篮板球位置。

抢从正面投篮的篮板球

抢从正面投篮的进攻篮板球与抢从侧面投篮的篮板球相似，但从正面投篮的篮板球一般会直接向篮筐外侧反弹。进攻球员可以使用相同的策略获得抢篮板球的位置——在篮筐前，通过V形空切或中枢脚转身把防守球员挤到外侧。

指导建议 当进攻球员被防守球员挡到外侧时（见第7章的防守篮板球），进攻球员应该避免越过防守球员去抢篮板球，否则很容易被吹罚犯规。应强调抢篮板球时垂直起跳的重要性。通过垂直起跳，球员不仅能够跳到最高点，也能避免不必要的犯规。

抢罚球篮板球

当抢罚球篮板球时，进攻球员排队站在罚球区外，当球碰到篮圈后，球员应该立即踏进罚球区，努力从防守球员手中抢到篮板球。这就使防守球队的篮板手将进攻球员挡在身后。

第**5**章

进攻战术

旦你的球员理解并能够正确执行个人进攻技巧后，他们就可以开始把这些技巧一起运用到进攻战术中。你或许已经知道，在篮球比赛中进攻的首要目标就是有效的运球，寻求得分机会。第二个目标就是掌控球权，这样对手就无法得分。以下的一些进攻战术将会帮助你的球队达到这些目标。

组织一次进攻

当组织一次进攻时，最重要的一点在于，你必须保持场上的平衡以及球员之间的空间，这样球员就有机会到达合适的位置完成得分。这些目标的执行也取决于你的球队面对的是人盯人防守还是区域联防。

跳球

当两支球队拥有同等的球权时就需要进行跳球，例如在比赛或每次加时赛开始时。在跳球时球员如何站位取决于你的球队是否有更大的机会控制住球，即赢得跳球。如果你的球队进行跳球时有优势，球队中的其他球员应该排成一行，在得到球后可以立即发动进攻得分。而如果对手看起来更有可能获得球权，那么一个防守型的站位将会更为合适。跳球球员应该努力把球拨给相互靠近的两名处于空位位置且中间没有对方球员的队友。

人盯人防守

对于人盯人防守，你的球员应该记住的最重要的一点在于学会拉开合适的空间，这样防守球员就无法轻易包夹持球人（更多信息见第78页的创造传球路线）。对于小球员，一套有用的针对人盯人的进攻战术由控球后卫（1号位）主导进攻，侧翼球员（2号位、3号位）位于离篮筐大约17英尺（约5.2米）的罚球线延长线上，两名内线球员（4号位、5号位）位于罚球区两侧（见图5.1）。当球传到一名侧翼球员手上时，控

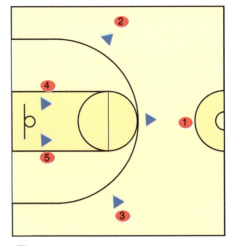

图5.1 人盯人防守的进攻战术

球后卫掩护另一名侧翼球员，一名内线球员掩护另一名内线球员。有时控球后卫可以向篮下空切，而不是设置掩护，同时，球队要重新获得场上的平衡，另外的一名侧翼球员将去补上前面的位置。内线球员也可以提到侧翼位置，与外线球员打一个两人的挡拆战术。

区域联防

对于区域联防，你的球员必须快速移动，找到防守的空当。当球员在一个防守空当处运球时，通常能够吸引两名球员防守，这样有一名进攻球员就处于空位。当你的球队面临2-3区域联防时（见图5.2a），1-3-1进攻阵型是一个不错的选择，即设置一名控球

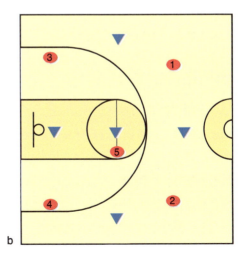

图5.2 区域联防的进攻战术

后卫（1号位）、两名侧翼球员（2号位、3号位）、一名高位球员（4号位）和一名低位球员（5号位）。当面临1-3-1区域联防时（见第77页的图5.2b），你可以使用2-1-2进攻阵型，即设置两名后卫（1号位、2号位）、两名前锋（3号位、4号位）和一名篮下中锋（5号位）。在使用2-1-2阵型时，进攻从防守的空当展开。

创造传球路线

为了有效地运球，你的球队必须快速移动，并创造出传球路线。传球路线是指进攻球员之间的空间或空当，可以用来传球而不被防守球员断掉。球员可以通过保持场上的平衡、保持中路的空当和快速移动到空位上来创造传球路线。也可以通过设立掩护来创造传球路线，这将在下一页的设立和使用掩护中讲到。

保持场上的平衡

场上平衡是进行传球和空切的必要条件。进攻球员开始应该拉开空间，相互之间相距12~15英尺（3.7~4.6米）。这个空间使防守球员更难对进攻球员进行双人包夹，也使进攻球员能够更好地掩护和空切。进攻球员应该分布在三分线顶端、两翼，以及篮筐和两个底角的中间点（见图5.3）。

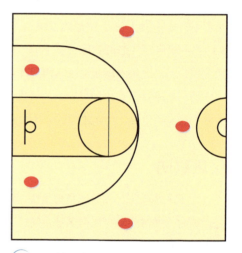

图5.3 拉开空间阵型

保持中路的空当

保持中路或罚球区的空当是一个不错的进攻套路，这可以使进攻球员向不拥挤的罚球区空切，然后接队友传球。如果球员向篮下空切时，在罚球区没有接到球，该球员应该继续移动到一个球员较少的边线附近的空位上，通常是球员移动方向的边线，这样就能够保持中路的空当以及场上的平衡（见图5.4）。

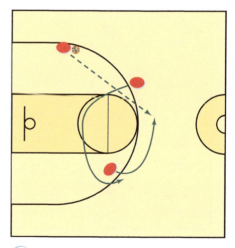

图5.4 空切后填补空位

另外，球员必须明白他们不能在策应区（高位、中位和低位）停留超过3次。在罚球区停留3秒后将会被吹罚违例，而且如果球员继续进入策应区，就会造成中间区域拥堵。

快速移动到空位

当一名球员空切时，离该球员最近的球员应该立即填补该球员留下的空位。球员从顶端位置（控球后卫通常占据的罚球区顶端位置）向篮下空切，这点尤为重要，因为这样能够保持场上的平衡，也有利于抢下长篮板球和阻止对手发动快攻。罚球区顶端通常是进攻发起的地方，也取决于采用什么进攻战术。但随着球员们根据防守移动到不同的位置，罚球区顶端的位置需要由不同球员占据，以保持球场上的平衡。当一名球员

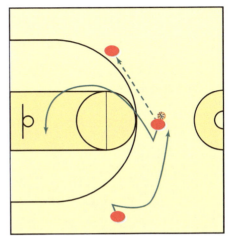

图5.5　空切后移动到一个空位

替换到顶端位置时，他应该在三分线外来回跑动，以创造从侧翼传球的更好角度（见图5.5）。该球员应该在罚球区顶端创造空位，如果该球员接到传球，这是一个很好的把球向球场另一侧转移然后再向篮下空切的机会。

设置和使用掩护

球员可以对有球或无球队友进行掩护。掩护可以帮助球员获得空位，从而接到队友传球或直接投篮。在图5.6中，低位球员给外线队友掩护。低位球员先移动到队友防守球员一侧，然后站立不动。当队友绕过掩护向篮下空切时，低位球员就挡住了防守球员的移动路线。球员通常在防守球员移动路线上设置掩护，通常对在弱侧（球所处位置相反一侧）的球员进行掩护。这样，当球员通过掩护后将向传球人方向移动。

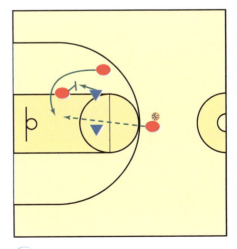

图5.6　设置掩护

当设置掩护时，球员应该使用跳步（见第4章第56页），落地后双脚分开以避免非法的移动掩护。球员应该笔直站立，双脚与肩同宽，双手放下，置于身前，或者双手在胸前交叉（见图5.7a）。当防守球员强行挤过掩护时，掩护球员的手肘和膝盖应该向内。空切球员（即被掩护球员）应该靠近掩护球员向篮下空切（见图5.7b），实际上，在通过掩护时，空切球员应该是"刷过"掩护球员。当面对一支防守很好的球队时，空切球员可能无法获得空位，因为在设置掩护时，对手可能会换防。但是掩护球员在设置掩护后，通常可以获得空位接球的机会。

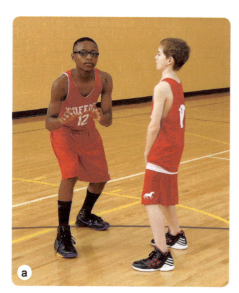

图5.7 正确设置和使用掩护技巧

发动一次快攻

快攻通常是抢下防守篮板和抢断后发起的，有时候在对手投篮命中后也可以快发球发动快攻，快攻是由守转攻的最快方式。当防守球队一旦获得球权就立即变成进攻一方，并试图在对手还未返回防守时就把球快速推进到前场。

在对手投篮命中后发球或抢断后发起快攻时，球员将球快速传到位于前场的队友手中。球员也可以运球发动快攻，但首先应选择传球，因为传球可以更快速地把球移动到前场。当抢下后场篮板球时，发动快攻的一传会有些不一样，因为接球的队友还未到达前场。持球球员应该先把球传到外线，或者传给一个后卫球员。后卫接到球后，他应该立即运球或传球把球推进到前场。如果抢下篮板球的球员被包夹或处于一个球员众多的区域内，无法传出一传，那么他可以运一两下球到中路，然后再寻求传球的机会。如果控球后卫看到抢下篮板球的球员无法传出一传，那么他应该回到持球球员身边，接一个短传球。接到球的球员须通过传球或运球将球移动到中路。其他队友沿着球场两侧向前场移动。持球球员把球运到罚球线后再向两侧的队友传球，由队友完成投篮或短距离上篮（见图5.8）。

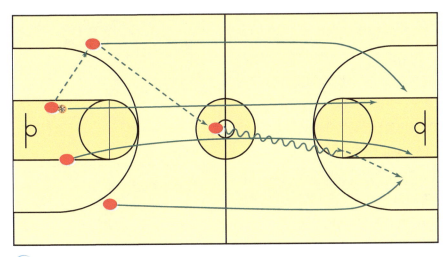

图5.8 典型的快攻

指导建议 在防守球队获得球权成为进攻方前，不要发动快攻。球员不可以预测队友将会获得球权，然后提前发动快攻，因为这样可能使球队在防守上缺少人手。小球员有这样一个习惯，在球队真正获得球权前，他们就预测队友即将获得球权，并开始下快攻。

在下快攻时，球员应该保持分散，以最快的速度向前场奔跑。跑在最后的两名球员叫作跟随球员，通常是大前锋和中锋（4号位、5号位球员）。他们直接向阻区空切，寻求接到外线队友的传球。在快攻时，当防守球员移动到外线去防守两翼的球员时，跟随球员通常能够在阻区接到传球。

基本的进攻战术

以下几个基本的进攻战术是每一支球队都应该学习的，包括传切配合、挡拆和外界球战术。

传切配合

传切配合是篮球比赛中最基本的进攻战术。在进行传切配合时，一名球员将球传给队友，然后再向篮下空切，寻求接到队友的回传球完成上篮（图5.9演示了一个传切配合的例子）。通过将球传给队友，然后再无球移动，球员创造了一个接回传球得分的机会。如果球员空切后没有接回传球的机会，这也给了队友一个更好的1对1单打的机会，因为空切球员把他自己的防守球员带走了，对手就更不容易进行协防。

当球员位于三分线顶端时，他应该在离罚球圈一步的距离开启传切配合。当球员在

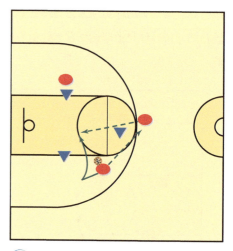

图5.9　传切配合

侧翼时，他应该在离罚球线延长线一步的距离开始传切配合。在进行传切时，球员先传球，在向篮下空切时先看懂防守球员的位置。如果防守球员跟随传球球员一起移动，继续贴身防守，那么传球球员应该坚决向篮下空切。如果防守球员朝着球移动，传球球员在空切前应该先做一个假动作欺骗防守球员。球员应该朝球相反的方向移动一两步，然后，随着防守球员跟着传球球员一起移动，传球球员应该迅速向篮下空切。传球球员也可以向球的方向移动一两步，然后在防守球员后面突然快速向篮下空切，这就是我们在第4章第56页中讲到的后门空切。传切的关键在于球员看懂防守，然后确定哪种空切方式最有效（见第4章第54页的空切部分）。

挡拆

挡拆是另一个基本的进攻战术。球员先为外线持球的队友设置掩护，队友通过掩护，寻找外线投篮或上篮的机会。然后，掩护球员向篮下空切，寻求接到运球球员的传球后上篮的机会（图5.10演示了一个挡拆配合的例子）。

持球球员必须等队友做好合法掩护后再开始运球。然后，持球球员运球把防守球员带到队友设置的掩护上。然后，掩护球员转身，这样他就能看见运球的队友，并且可能接到传球。持球球员在通过掩护后至少应该运两下球，以创造足够的空间给向篮下空切的掩护球员传球。

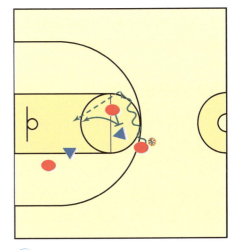

图5.10　挡拆配合

指导建议 在空切后，球员应该伸出一只手准备接球，这样会帮助传球球员确定往哪里传球。这也让传球球员知道，当队友往篮下空切时，他们希望接到传球。

外界球战术

外界球战术是指从球场外向球场内发球的战术。例如，在对手失误、投篮命中或将球碰出界后，球队就要发外界球。发外界球战术的首要目标就是把球安全地发到队友手上，或者直接发球得分。

如果是在自己一方的篮下发底线球，在设计发球战术时应该创造可轻易得分的机会，但尽量使战术简单，同时不要设计太多的战术选项。关键在于让最好的传球手去发球，其他球员快速空切到他们的指定位置。

指导建议 当为你的球队设计发球战术时，应考虑每次战术都用相同的方式布阵，这样你的球员不会对应该去哪个位置而感到疑惑。

进攻方式

当计划最适合球队的进攻打法时，教练必须考虑球员的技术水平、身材、速度、成熟度和相比其他球员的赢球欲望。

基本的进攻打法

对于球队的主要进攻打法，教练应该选择一个非常简单的打法，控制好场上的空间。例如，1-2-2阵型：一名控球后卫、两名侧翼球员和两名内线球员；1-3-1阵型：一名控球后卫、两名侧翼球员、一名高位球员和一名低位球员。另外一个典型的进攻阵型是2-2-1：两名后卫、两名侧翼球员和一名中锋。所有这些阵型和我们在这一部分将要讲到的其他阵型，球员都可以用于设置掩护和打传切配合。

快攻

如果球员们身材不高大且速度快，那么球队在发起进攻时，快攻将是一个不错的选择。在这种进攻模式下，当对手失误或投篮被封盖时，你的球队应该试图发动快攻寻找轻易得分的机会（见第80页）。如果你想打造一支快攻球队，你必须让球员花时间练习寻找正确的快攻路线，并尽可能快地把球推进到前场，尽可能使用传球而非运球。

5外线进攻

不管你的球队是一支快攻球队还是一支更慢的、打半场进攻的球队，你需要确定在半场进攻中最适合你球队的战术。一支更小更快的球队希望在场上分散开来，创造突破上篮的机会。5外线进攻模式能够很好地拉开空间，这对突破上篮很有利。5外线是一种分散的进攻阵型，这种进攻阵型的中路大开。5外线进攻是一种1-2-2阵型，两名底线球员位于离篮筐12~15英尺（3.7~4.6米）的位置（见图5.11）。

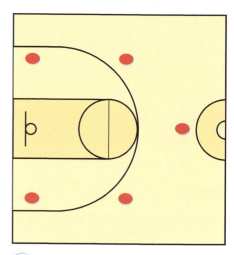

图5.11 5外线进攻战术

1-4进攻

除了5外线进攻外，1-4进攻对于快速且较小的球队来说是一种有效的进攻阵型。这种阵型包括一名控球后卫和四名球员沿罚球线和罚球线延长线一字排开，两名球员在侧翼，两名球员在罚球区肘区（见图5.12）。这个阵型的篮筐附近会有足够的空间，可以使球员向篮下空切，也使内线球员可以为持球队友掩护。

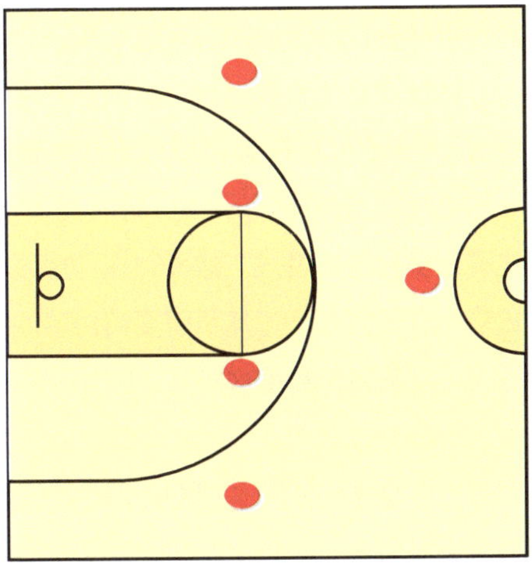

双低位进攻

如果你的球队中有体型高大的球员，你可能想要在比赛中多进行强力进攻，例如使用双低位加3外线阵型。在双低位进攻阵型中，两名球员位于两个低位阻区（见图5.13）。这种强力进攻的阵型对于有两名高大球员的球队来说是极好的。采用这种进攻阵型时，可以让你的大个子球员待在篮筐附近，通过两位球员在低位相互掩护，可以获得高命中率的低位投篮机会，以及好的篮板球位置。

1-3-1进攻

对于有两名优秀的内线球员的球队，1-3-1阵型也是一个不错的进攻组合。在这个进攻阵型中，一名球员站在高位，一名球员在低位，还有两名侧翼球员和一名控球后卫（见图5.14）。一名传球好的高大球员适合在高位。

图5.12 1-4进攻阵型

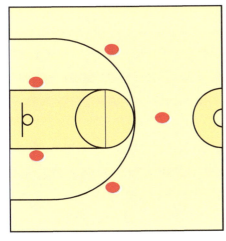

图5.13 双低位进攻阵型

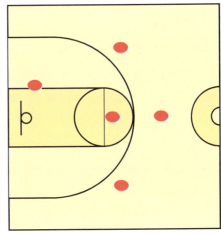

图5.14 1-3-1进攻阵型

区域进攻

区域进攻通常被忽视，然而球队应该像练习1对1进攻那样练习区域进攻。最好的区域进攻类型和球队的1对1进攻类型相似，也有许多相同的模式。然而，在一个区域内进攻也有不同之处，球员需要明白区域中的空当，以及如何利用这些空当进攻。

大部分球队打2-3区域联防。对于这种联防，你的球员必须跑到区域中的空当位置，球队中应该有一名控卫、两名侧翼球员、一名高位球员和一名低位球员（见图5.15）。这会对防守球员造成困扰，迫使他们决定防守哪名球员。

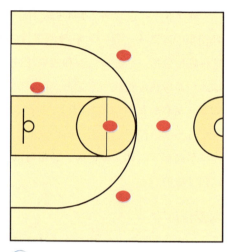

图5.15 区域进攻阵型

快攻球队在攻破区域联防时有一些优势，因为如果球运转得越快，区域联防就更难建立，这也是所有球队都应该在一定程度上使用快攻的原因。

无论你决定使用什么类型的进攻，你必须花时间训练，从而使球员可以不假思索地执行进攻战术。如果球员考虑太多，他们的速度就会慢下来，不能轻松地执行进攻战术。如果你的进攻战术太多，这会使球员很难学习如何打比赛。一旦你建立了基本的进攻打法，让你的球员花时间练习为队友设置掩护，然后看懂防守，并对防守做出反应。这也教会了球员在比赛中如何适度自由发挥。

破紧逼进攻

破紧逼进攻是一种全场进攻，当对手用某种类型的全场、四分之三场或半场紧逼防守，意图打乱进攻时，你就可以使用破紧逼进攻。你必须使你的球员在适当的位置上，这样他们面临压迫式防守时就不会紧张。你要让他们在面临紧逼时能自信地轻松得分。

如果对手用1对1紧逼防守，你的后卫必须有出色的控球技术应对压迫式的防守。最好的策略是清空球员，把球交给后卫，后卫通过运球把球推进到前场进攻端。有时球队中运球最好的球员可能不是后卫，你应该把球交给运球最好的球员。

当你的对手使用任何级别的区域压迫式防守——全场、半场、四分之三场时，你的球员使用的进攻战术应该能把球传到中路。你可以在对手开始紧逼时就把一名球员放到中路，也可以让弱侧的球员向中路空切。一旦球到了中路，中路持球球员应该运球直接攻击篮筐，篮筐两侧应该各布置一名球员，让持球突破球员有分球的选择。

特殊进攻

作为一名教练，你必须有一些特殊的进攻战术以备不时之需。特殊进攻战术包括从全场、半场和四分之一场发起的最后几秒的进攻；在比赛最后几分钟拖延进攻；快速两分或三分战术。

这些特殊的进攻战术需要每周都进行训练，这样球员就会知道在关键时刻该如何跑位。这些特殊进攻战术的训练将会给你的球员带来自信，球员会知道他们为比赛中任何可能出现的情况都做好了准备。

第 **6** 章

进攻训练

以下的进攻训练可以用来帮助球员提高他们的技术和战术能力，使他们在进攻端成为更好的球员。尽管大多数的训练只强调一两个主要目标，但球员在训练中应该同时练习几项进攻技术。例如，一项训练中可能强调投篮，但在该训练中教练也可以关注传球或运球。这样球员就能从一个训练中获得很大收获。

另外的一些训练方法将在第10章~第14章中介绍，更多的训练选择可以参考这几章。

► 四线跳步

目标　学习在奔跑后如何进行合适的跳步，同时避免走步。

描述　球员分成4组，每一组沿底线排成一排。当教练吹哨后，第一排球员同时向前冲刺。教练吹响第二声哨声时（球员大概冲刺了五六步后），球员使用跳步迅速停止，双脚同时落地。当教练再吹响哨声时，第二排球员开始冲刺。按照这种方式重复，直到所有球员到达另一端的底线。这种训练方法也可以用来训练前转身和后转身、无球篮板球技术、无球跳投和跳球。

变化

- 在地板上放置一个标志桶，指示球员在哪里应该执行跳步。
- 让每名球员持一个球，在运球后进行跳步。

► 运球-转身-传球

目标　学习正确地执行跳步和转身，避免走步。

描述　球员分成4组，沿着边线排成4排。第一排的球员每人持一个球，听到教练指令，第一排球员运球前进，运三下球，然后跳步。在跳步后，他们再执行一个后转身（用前转身也可以），把球传给下一排的球员，然后返回队伍的末尾。重复这套动作，直到所有球员都返回一次。

这套训练也可以练习传球。向下一排球员传球可以使用胸前传球、击地传球、双手头顶传球、跨步传球（球员想象身前有防守球员，跨步是为了避开防守球员）或跨步穿插传球（球员跨步，假装传球，然后抬中枢脚起跳传球或投篮）。

变化

- 在地板上放置一个标志桶，指示球员在哪里应该执行跳步和转身。
- 在转身之前加一个传球假动作，然后再把球传给队伍中的下一名球员。

► 试探步

目标　学习如何使用试探步创造进攻球员和防守球员之间的空当。

描述　将球员分成3组，在罚球区顶端排成3排。第一排的每名球员持一个球，听到教练指令，他们将球在身前旋出3~4英尺（0.9~1.2米）。球员用非投篮脚（即中枢脚）向前迈出第一步，伸手把球抓住，然后再用投篮脚做一个试探步。在试探步后，球员投篮，捡下篮板球，然后把球传给下一排的球员。重复这套动作，直到每一名球员都做了一次。

变化

- 先让球员在无球状态下做试探步，学习正确的脚步动作，然后再持球练习。
- 在训练中加一名防守球员，这样进攻球员就能体验在实况下执行试探步。

► 搭档传球

目标　学习传球和接球的正确技巧。

描述　将球员分成2人一组，2人面对面站在球场的任意位置，相距12~15英尺（3.7~4.6米）。每组球员持一个球，球员用适当的传球技术向搭档来回传球。教练指定具体的传球方式（胸前传球、击地传球或头顶传球）。根据球员年龄组的不同，持续训练5~10分钟。

变化

- 开始训练时球员之间的距离可以近一些［6~8英尺（1.8~2.4米）］，这样球员传球和接球会更容易。
- 让球员只用弱手训练。为了让训练更有竞争性，你也可以在每次传球前加入一两次原地运球。

► 目标双线传球

目标　学习把球传给精准的目标，以及如何示意传球目标。

描述　将球员分成两组，在球场上面对面站成两排，相距12~15英尺（3.7~4.6米）。一排的第一个球员持一个球，随着教练"左""右""一起"的指令，另一排的第一个球员对应地举起手（一只或两只），示意这是传球的目标。一旦球员接到球，传球和接球的这两名球员就到各自对面那排的队尾站好。重复这套动作，直到每一名球员都轮到一次。

变化

- 开始训练时球员之间的距离可以近一些［6~8英尺（1.8~2.4米）］，这样球员传球和接球会更容易。
- 训练所有的传球类型：胸前传球、击地传球和头顶传球等。

➤ **多线运球**

目标 学习多样的运球技术，在防守压力下将球向前推进。

描述 将球员分成8组，沿着球场两侧的边线站立，每一侧站4组，排成4排。每一组的第一名球员持一个球，听到教练的指令后，他们开始用教练指定的运球方式向球场中央运球。当他们运球到中央相遇时，执行一次交叉步运球（或者教练指定的其他运球方式），然后继续运球到对面的边线，把球交给下一个球员。重复这套动作，直到每名球员都轮到一次。

除了交叉步运球（见第62页），球员还应该使用以下运球方式。

- 力量型运球（见第61页）。
- 快速运球（球员用最快的速度运球前进，同时保持对球的控制）。
- 控制运球（球员运球时刻意显示出对球的控制）。
- 停顿运球（球员快速向前运球，运球后往后退一步，再向前运球）。
- 各种运球方式的组合。

变化

- 在球场上放置数个标志桶，指示球员在哪里用什么样的方式运球，例如交叉步运球。
- 加入一名防守球员，模拟比赛的环境。

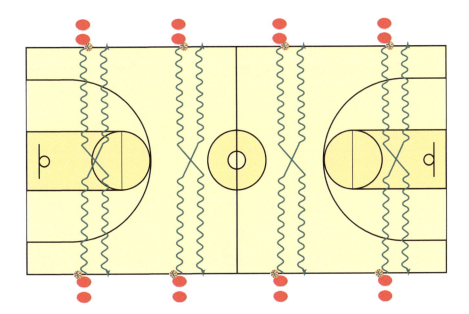

➤ **双球投篮**

目标 学习移动到某一点的后面向篮筐出手投篮。

描述 将球员分成两组，在球场两端的罚球区顶端排成两排。每排的第二名和第三名球员分别持一个球。每排的第一名球员先开始跑动，触摸底线，然后再移动到一个合适的位置（教练指定球员用什么方式投篮），准备接第二名球员的传球。球员接传球，转身面向篮筐，用合适的姿势出手投篮。球员自己捡到篮板球，回到一排的最后一个位置，然后再向上传球。一排的第二名球员，就是之前传球的球员，现在开始跑动，触摸底线，再跑到一个合适的位置准备接第三名球员的传球。用这种方式重复训练5~10分钟，或者直到每名球员都投篮一次。确保球员在他们的射程范围内投篮。另外，提醒球员投篮时他们的10个脚趾都是指向篮筐的。

变化

- 在开始训练时先不要用球，要求球员在做完一系列的动作后投一个想象的球。
- 让球员在投篮前向左或向右运球一步。

▶ 双球空切

目标 练习通过空切获得空位，然后接传球投篮。

描述 球员分成5人一组，在球场两端的罚球区顶端排成一排。每排的第二名和第三名球员分别持一个球。每排的第一名球员执行一个空切（∨形空切、L形空切或后门空切）后准备接第二名球员的传球。球员接到球后立即转身投篮。然后球员自己拿下篮板球，跑到一排的最后一个位置，再向上传球。一排的第二名球员，即之前传球的球员，现在开始空切，然后接第三名球员的传球。按照这个模式练习5~10分钟，或者直到每名球员都执行一次空切。

变化

- 让球员先用∨形空切，然后再用L形空切，最后用后门空切。先从球场左侧训练，然后再从右侧训练。

- 让球员在空切后做不同的动作，例如，在做∨形空切接到传球后，球员先做一个交叉步运球，然后再投篮。

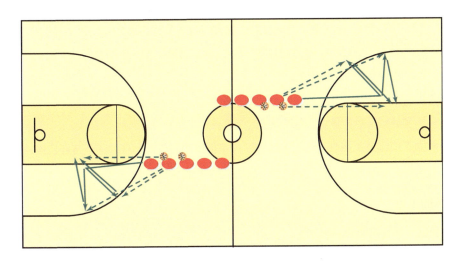

➤ 进攻篮板球

目标 学习如何占好位置抢下进攻篮板球。

描述 球员在篮筐一侧的阻区排成一纵队。教练投篮，纵列的第一名球员执行一个V形空切或转身后到达一个合适的位置，然后抢下篮板球（教练应该从球场的不同位置投篮，让球员练习抢不同类型投篮的篮板球）。球员抢下篮板球后，立即将球传给教练，然后回到队伍的最后一个位置。重复这套动作，直到每名球员都轮到一次。

变化

- 让球员在没有投篮的情况下练习抢进攻篮板球的步法。
- 在训练中加入一名防守球员。

➤ 罚球

目标 练习在比赛决胜时刻的罚球。

描述 将球员平均分成两队，沿半场的两个边线排成两排。A队的第一名球员执行两次罚球，然后B队的第一名球员执行两次罚球。按照这种模式，两队球员交替罚球，直到所有球员都罚球两次。总分高的球队获胜。如果所有球员罚完两次球后两队打平，再按照之前的罚球顺序，A队的第一名球员罚球一次，然后B队的第一名球员罚球一次，一球定胜负。当平局打破后，比赛结束。

变化

- 为了使比赛更容易，把罚球线移近1~3英尺（0.3~0.9米）。
- 为了使比赛更困难，除了要比对手命中更多的罚球外，获胜的一方还应连续命中至少4个罚球。

➤ 全场上篮

目标 练习快速运球后上篮。

描述 将球员分成两组，一组球员在一个篮筐下排成一排。每一组的前三名球员分别持一个球。听到教练指令，每组的第一名球员用右手快速运球过全场，然后用右手完成上篮。随后，每组的第二名和第三名球员在教练发出指令后也用相同的方式运球上篮。在每次上篮后，每一排第一个无球的球员拿下在自己一端的篮板球，然后跟着前面的球员向球场的另一端运球上篮。开始时要求在规定时间内完成15~20次上篮。你可以根据球员的水平调整目标。

变化

- 要求球员从半场快速运球到篮下，上篮后自己拿下篮板球，然后把球交给队伍中的下一名无球球员。
- 要求球员左手快速运球，用左手完成上篮。

▶ **全场跳投**

目标 练习接球后跳投。

描述 球员分成4组，每一组在球场的一个角排成一排。从对应的两个角开始投篮。听到教练的指令后，每排的第一名球员向前运几下球，然后将球传到球场的另一端。每名球员跟随传球来到球场的另一端，接回传球，然后跳投。然后，球员回到队列的最后一个位置，同时在同一半场的传球球员拿下篮板球，从相反的方向继续训练。开始时可以把目标设定为一分钟命中5~7次球。你可以根据球员的水平调整目标。

变化

- 允许球员在将球传到球场的另一端前运几下球。
- 要求球员在每次跳投前向左或向右多运一下球。

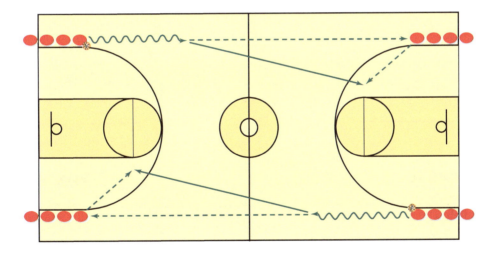

➤ 5 球训练

目标 学习如何在移动中接球，然后急停投篮。

描述 将球员分成4组，分别在球场的4个角排成4排。在球场一端，每一组的第一名球员持一个球。在球场的另一端，一名球员持球站在篮下，或者站在篮筐往前一些的位置，篮筐在两组球员之间；从这个半场，3名球员传两个球，同时向另外一个半场移动，完成上篮。第三名球员和传球球员接到从对面半场传来的球，然后进行跳投。上篮的球员自己拿下篮板球，转身传给相反方向的两名底角球员之一，那两名底角球员刚好给跳投球员传球。然后，这3名球员再跑向球场的另一端，传两次球后一名球员上篮，两名球员接传球跳投。对于年龄稍大的球员，开始的目标是一分钟命中20~25球；对于年龄更小的球员，目标应调整为一分钟命中10~12球。

变化

- 允许球员在传球给队友上篮前运几下球。
- 要求球员在每次跳投前向左或向右多运一下球。

➤ 完美上篮

目标 学习如何在移动时传球，以及练习上篮。

描述 球员在底线排成3排。左边一排的第一名球员持一个球（下次也可以让右边一排的第一名球员持球）。3名球员向球场的另一端奔跑，在奔跑的过程中相互传球。左边的球员把球传给中间的球员，中间的球员再把球传给左边的球员；左边球员再一次把球传给中间球员，后者再用击地传球把球传给右边球员上篮。这名球员朝另一个方向继续训练，把球传回给右边一排的下一名球员，后者也继续训练。对于年龄稍大的球员，目标是一分钟得25分；球员每一次完美上篮（球不碰到篮圈）得2分，普通上篮得1分。对于年龄更小的球员，应把目标调整为10~12分。

变化

- 在开始训练时只用一个球，之后可再增加一个球。

- 要求球员使用击地传球，而不是胸前传球。

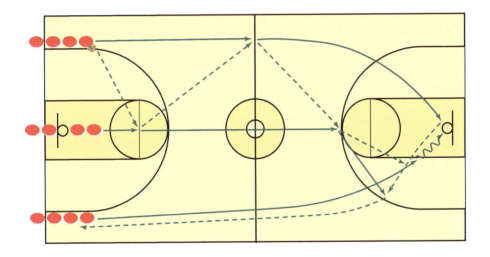

➤ **两种步法**

目标 使用中枢脚转身、落步和试探步创造投篮空间。

描述 根据球员的年龄，可以打3对3半场或全场。当一名球员在侧翼接到传球后，他必须做以下的动作之一。

1. 向防守球员运球，停住，利用中枢脚转身，然后投篮。

2. 使用试探步或落步，然后运球绕过防守球员上篮。

如果球员正确执行中枢脚转身、试探步或落步后投篮，该球员得2分，如果投篮命中再额外得1分。任何投篮都得1分，不管是用中枢脚转身还是试探步或落步后跳投命中。对于5~6岁年龄组的球员，得到3分后训练结束；对于7~8岁年龄组的球员，需要得4分，9~10岁年龄组需要得5分，11~12岁年龄组需要得6分，12~14岁年龄组需要得7分。

变化

- 为了使比赛更容易，用一把椅子或其他物品代替防守球员，让进攻球员可以更习惯于这些动作。
- 为了使比赛更难，球员只有在做出正确的动作后跳投命中才得2分；如果不使用中枢脚转身、试探步或落步后跳投，即使命中也不得分。

➤ **运球突破**

目标 提高在压力下运球的能力。

描述 根据球员的年龄，选择打3对3或4对4全场或半场。强调正确的基本动作，同时也强调在压力下运球；进攻球员运球突破上篮命中后得2分，进攻球员运球到禁区中间跳投得1分，如果命中再得1分。

变化

- 为了使比赛更容易，限制球员运球的次数。
- 为了使比赛更难，加入一名防守球员。

▶ 运球训练

目标 用强力运球和交叉步运球攻击篮筐。

描述 根据球员的年龄，选择打3对3或4对4全场或半场。训练重点是正确的基本动作，特别是有效的运球。每次投篮命中、强力运球或交叉步运球各得1分。球员应该在适当的比赛条件下使用这些运球方法。如果无效的或不合适的运球不得分。

变化

为了使比赛更具挑战性，球员做出一个规定的具体动作才得分。例如，为了着重训练交叉步运球，球员正确运用交叉步运球得1分，但是他们需要传球或投篮才可以再得1分。

▶ 传球比赛

目标 通过传球创造好的投篮机会。

描述 根据球员的年龄，选择打3对2或4对3全场或半场。训练重点是创造好的投篮机会，进攻球队每次成功的传球得1分，每次投篮命中得1分。

变化

- 为了使比赛更容易，打3对1或4对2。
- 为了使比赛更难，可以做以下选择：打3对3或3对4；球员按照你选择的传球方式传球得2分；要求球员只使用某一种传球方式（如胸前传球、击打传球或头顶传球）；或者不允许运球。

▶ 抢篮板球

目标 使用正确的技术抢篮板球。

描述 根据球员的年龄，选择打2对2全场或半场。训练开始后教练向篮筐投篮，通常是投篮不中。两名进攻球员试图抢下篮板球进攻，两名防守球员也试图抢下篮板球。如果进攻一方抢下篮板球并投篮命中，或者防守一方抢到篮板球，训练中止。每次投篮命中或者抢下每个篮板球得1分。在5局之后交换攻防位置。

变化

- 为了使比赛更容易，每个进攻篮板球得2分。
- 为了使比赛更具挑战性，要求进攻球员抢下进攻篮板球后不能运球，要立即投篮。

➤ **疯狂投篮**

目标 使用正确的技术，尽可能地多投篮得分。

描述 打3对2半场。给3名进攻球员5分钟时间，让他们面对两名防守球员尽可能地多投篮得分。每次投篮后，防守球员把篮板球给进攻的一方。训练5分钟后的攻防双方互换位置，一名进攻球员仍然是进攻球员，训练还是3对2。新的进攻球队有5分钟时间可以尽可能地多投篮得分。

变化

- 为了使比赛更容易，打3对1或4对2。
- 为了使比赛更难，可以做以下选择：打3对3或4对4；球员按照你选择的投篮方式投篮得2分；要求球员只使用某一种投篮方式（如跳投、上篮或运球投篮）。

➤ **移动到空位**

目标 创造传球路线，移动到空位，更好地移动球。

描述 根据球员的年龄，选择打3对2全场或半场。进攻的一方持球，球员传球后移动到场上靠近球的空位（三分线顶端、侧翼、底线或低位）。允许球员移动到空位，使一名防守球员不能同时防守两名进攻球员，重点在于拉开进攻空间。球员可以运球，但重点应该是传球，且限制运球。进攻球员至少传10次球，在传10次球后他们可以投篮，直到投篮命中，或者防守一方抢下篮板球。

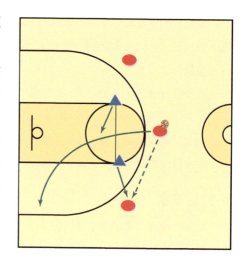

每次成功传球得1分，每次投篮命中得1分。投篮命中后训练重新开始，交换攻防位置。

变化

- 为了使比赛更容易，打3对1。
- 为了使比赛更难，打3对3或不允许运球。

➤ 快攻路线

目标 将快攻机会转化成得分。

描述 根据球员的年龄，选择打2对4全场。两名进攻球员中的一名投篮，但故意投不中，然后比赛开始。防守一方抢下篮板球后立即发动快攻，抢下篮板球的球员快速传出一传，其他球员填补快攻路线。很好地执行一次快攻得2分，快攻投篮命中再得1分。一次快攻训练结束后在球场另外一端交换攻防位置。

变化

- 为了使比赛更容易，打1对4或1对3。
- 为了使比赛更难，打3对4、4对4或不允许运球。

➤ 设置掩护

目标 设置有效的掩护，释放队友。

描述 根据球员的年龄，选择打3对2全场或半场。持球的球员应该站在罚球区顶端或罚球圈的三分线外；一名队友为另一名队友设置掩护，后者绕过掩护向篮下空切，寻求接到持球队友的传球。持球球员喊出"PR"（意思是设置右侧掩护）或"PL"（设置左侧掩护），或者让队友自己选择无球空切。

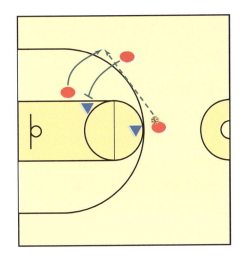

进攻的一方有5次进攻机会，每次成功掩护后得2分，通过掩护直接投篮命中再得1分（"成功掩护"是指释放了队友，帮助队友摆脱防守他的人）。在投篮后，无论命中与否，训练重新开始。

变化

- 为了使比赛更容易，打3对1。
- 为了使比赛更难，打3对3。

➤ 挡拆得分

目标　通过挡拆得分。

描述　根据球员的年龄，选择打3对2全场或半场。持球的球员应该站在罚球区顶端或罚球圈的三分线外；同时一名进攻球员为另一名进攻球员设置掩护。设置掩护的球员向篮下撤，高举双手，接回传球后投篮。每次挡拆后投篮命中得2分。在一次投篮后，无论命中与否，重新开始训练。5个回合后球队交换位置。

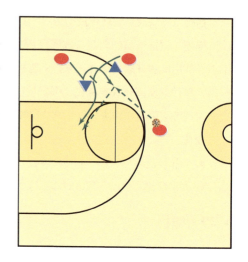

变化

- 为了使比赛更容易，打3对1。
- 为了使比赛更难，打3对3。

➤ 回给传球人

目标　通过传切得分。

描述　根据球员的年龄，选择打3对3全场或半场。当进攻球队持球时，他们寻找一名处于空位的队友，然后给他传球。传球后，球员向篮下空切，寻求接回传球后直接投篮得分。通过传切直接投篮命中得2分，其他投篮命中得1分。每个回合后训练重新开始。进攻一方有5个回合，然后双方交换攻防位置。

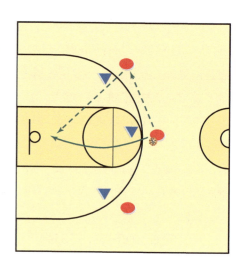

变化

- 为了使比赛更容易，打3对2。
- 为了使比赛更难，每次进攻篮板球得1分，这样强调了抢篮板球时的卡位。

➤ **最后几秒**

目标 发界外球直接得分。

描述 打半场5对3。计时5秒，发动界外球战术。在5秒钟结束前投篮命中得1分。

变化

- 为了使比赛更容易，打5对2。
- 为了使比赛更难，打5对4或5对5。

➤ **激烈对抗**

目标 学习如何在比赛的情况下移动、面对篮筐做进攻姿态和感谢传球的队友。

描述 这是一项非常激烈的4对4训练。4名进攻球员对4名防守球员，第三队在场边等待。为了不被淘汰出局，进攻球队应该遵循以下3条规则。

1. 每名球员在每次接球后都应面向篮筐，做进攻姿态；这意味着球员必须进入三威胁姿势，把球放到臀部的位置，投篮脚向前。如果防守很激烈，规则可以适当放宽，即使只是有一个面向篮筐的意图也是可以的。

2. 每名球员在传球后必须移动，向篮下空切、绕过掩护都是可以的，但不可以站着不动。

3. 当一名球员投篮后，他必须感谢传球的队友；如果接教练的传球投篮得分，球员必须感谢教练。

如果其中一条规则被打破，进攻球队下场。防守球队换到进攻，一支新的球队上场防守。训练要持续一段时间（4分钟比较合适）或得到一定的分数后再结束。

变化

- 开始时只遵循面向篮筐做进攻动作这一条规则，然后加入另外两条规则。
- 为了使训练更困难，加入其他规则，例如限制球员只可以运两下球，要求进攻球队在投篮前每一名球员都要触球，或者要求进攻球队在投篮前必须设置对有球球员的掩护。

第7章

防守技术

要做好防守，一部分靠意识，一部分靠努力，一部分靠技术。球员可以通过学习技术、练习战术和反复训练来提高防守意识。本章重点介绍青少年球员必须掌握的防守技术。再次强调，记住使用IDEA方法——介绍、演示和讲解技术，然后指导球员练习技术。同样，如果你对篮球技术不熟悉，你可以先观看相关的教学视频，这样你就会知道如何正确执行该技术。

个人防守技术有时不像个人进攻技术一样被重视，但它们是同等重要的。为了在比赛中获胜，你的球员需要学习1对1防守。

防守姿势

防守姿势，通常是指准备姿势或篮球姿势，是所有防守技术中最基本的姿势。球员在防守时应该努力保持防守姿势。在做准备姿势时，双脚与肩膀同宽，或比肩略宽；膝盖向身体外弯曲（见图7.1）；将手掌和手臂举到腰部以上，使球员看起来尽可能高大。这样就使进攻球员更难在防守球员身边做动作。

图7.1 基本防守姿势

防守脚步

　　球员必须能够在保持防守姿势时进行横向移动，同时与试图突破或空切篮下的对手保持一臂的距离。球员必须用准备姿势站立，膝盖弯曲，臀部下沉，背部挺直，手臂举到高过腰部。球员先移动离目标方向最近的那条腿，向目标方向移动大约2英尺（61厘米）（见图7.2a），然后再移动另外一条腿，使双脚的距离再次回到与肩同宽（见图7.2b）球员应该使用短快步，身体重量均匀分布在跖球上。记住，球员应该保持脚趾指向前方，横移时双脚不可以交叉。

图7.2　防守滑步

指导建议　小球员在横移时倾向于交叉双脚。为了帮助球员避免双脚交叉，你可以让球员们想象他们的双脚之间有一个扫帚把，这样就不允许双脚在横移时交叉。

防守体位

　　为了有效地防守持球人，防守球员的姿态和体位是最为重要的。当防守一名持球的对手时，防守球员的一只手放下，阻止对手进行交叉步运球；另一只手放在传球路线上，干扰对手传球（见第106页的图7.3）。

图7.3　防守持球人时防守球员的体位　　　图7.4　干扰持球人时防守球员的体位

指导建议 教你的球员不要伸手去够运球人，伸手去够会使其在防守时失去平衡，运球人就能够轻易将他们过掉，这样还可能导致对运球人的防守犯规。

　　在一些情况下，防守球员必须干扰进攻球员，例如当进攻球员在场上运球向前推进时，防守球员必须改变脚的站位。防守球员必须把靠近篮筐线（想象为场上一条连接两个篮筐的线）的脚放到离进攻球员内侧脚至少一臂远的位置，迫使运球球员走底线（见图7.4）。这将迫使运球球员走外侧或底线。防守球员的眼睛应该盯着运球球员的腰部位置，如果看着球或运球球员的脑袋和肩膀，防守球员就容易被进攻球员的假动作欺骗。

抢　断

　　抢断是指对手在传球时把球抄截，或者对手在运球时把球拍掉。当进攻球员向另一名进攻球员传球，而一名防守球员进入传球路线时，最容易产生抢断。防守球员在进行抢断前，必须判断传球的时间和方向，并且把一只手放到传球路线中。抢断对手的运球通常很困难，因为他们可以用身体保护住球。防守球员试图伸手去抢断对手的运球经常会造成身体接触，从而造成犯规。这也会造成一个糟糕的防守位置，因为防守球员伸手去抢球是不易保持身体平衡的。

干　扰

干扰对手是防守时很重要的部分。干扰是指防守球员在比赛的任何时候以任何方式接触球，包括用手把球拍掉、脚踢球和封盖（见第109页的"封盖投篮"）。要想进行干扰，防守球员在防守持球进攻的球员时必须做好合适的防守姿势，防守球员应该举起一只手放在传球路线上，另一只手放下干扰运球。防守球员还应该避免犯规。干扰对手对于防守球队来说很重要，即使没有成功地把球断下，也能扰乱对手的进攻。成功的干扰通常需要理解对手的意图，教练可以用"积极防守"来定义干扰。确保记录一场比赛中球员的干扰，这样你就能够了解你的球队进行了多少次干扰，从而可以帮助你分析干扰在打好比赛和赢得比赛中所起的作用。

制造带球撞人

制造带球撞人可以改变比赛的势头，是球员努力防守的另一个好例证。当进攻球员移动冲撞一名站立的防守球员的身体时，则进攻球员构成带球撞人。如果防守球员先于进攻球员到达某个位置，那么防守球员就有权占据那个位置。如果防守球员移动到进攻球员的推进路线中（见图7.5a），防守球员需要建立一个固定姿势（见图7.5b）。如果进攻球员没有及时停住，撞上了防守球员，那么裁判应该吹罚进攻球员带球撞人，球权将交给防守球队。

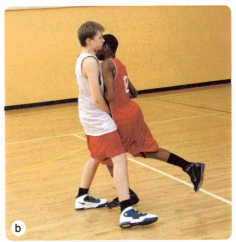

图7.5　制造带球撞人

当进攻球员向篮筐推进时,补防的球员应该移动到进攻球员的推进路线中,制造对手带球撞人。在与进攻球员发生身体接触后,防守球员可能需要向后倒下,臀部着地(倒地时举起双手,以防手腕受伤),通过倒地告诉裁判对手带球撞人了。

快速补防投篮球员

快速补防投篮球员,可以对投篮球员施加防守压力,是防守的重要组成部分。在补防时,防守球员从内线或两侧向投篮球员移动,防止对手投篮。防守球员以最快的速度向投篮球员冲刺,使自己与后者的距离减少三分之二(见图7.6a),然后再以小碎步逼近投篮球员,同时高举双手,臀部下沉,降低重心(见图7.6b)。在这个姿势时,如果投篮球员只是做个投篮的假动作,然后把球放下继续运球,防守球员也可以有所准备。

图7.6 补防投篮球员

防守球员使用两种类型的补防——长补防和短补防。这两种类型的区别在于防守球员与进攻球员的距离不同。长补防应该用于投篮好的球员；在这种情况下，防守球员应试图让进攻球员运球而不是投篮。在进行长补防时，防守球员要移动到与进攻球员足够近的距离，迫使进攻球员进行高难度的投篮或运球。短补防多用于突破好的球员而非进攻球员。在这种情况下，防守球员不用离进攻球员太近，因为防守球员更需要防止对手运球突破而不是投篮。

封盖投篮

封盖是指防守球员高高跳起，阻止进攻球员的投篮。这不是所有球员都应该使用的技术，特别是小球员，因为在封盖对手时，如果防守球员没有做出合适的封盖动作，防守球员很容易犯规。防守球员的身高、弹跳能力、起跳时机是决定封盖技术质量的主要因素。当进行封盖（或干扰）时，在球离开投篮球员的指尖之前，防守球员应该保持防守姿势（见图7.7a）。如果防守球员跳得太早，进攻球员可以很容易制造防守球员的犯规。当进行封盖时，防守球员应该张开手，尽量使球落在球场内（见图7.7b）。

图7.7 封盖

最适合进行封盖的球员是补防球员，而不是主防球员。补防球员有着更好的封盖机会，因为其能更好地计算对手起跳到出手的时机。补防球员封盖对手时也更不容易犯规。

防守篮板球

当进攻球队投篮后，防守球队应该尽力抢下对手投失的篮板球，从而获得球权。抢防守篮板球的技术与抢进攻篮板球的技术类似，球员都必须先进入准备姿势。当准备抢篮板球时，球员应该高举双手，这样起跳后能达到最大高度。

然而，对于防守篮板球的一方，球员必须知道他们对手的位置（见图7.8a），获得更靠近篮筐的内部位置（见图7.8b），把对手挡在外侧（见图7.8c），使用前转身或后转身，占据篮筐与对手之间的内部位置，然后用后背靠住对手。这样就确保了进攻球员在防守球员身后，当投篮出手后，防守球员也能够看得见球在空中的飞行轨迹。前转身可以使防守篮板手在转身时也能够看见进攻篮板手的移动。当后转身时，防守球员可以在没有目光接触的情况下移动到进攻球员的移动路线上。鼓励防守球员不管用什么方法都要抢到进攻球员前面的位置，使进攻球员更远离篮筐。在与对手发生身体接触后，防守球员应该一直保持这个身体接触，直到投篮出手后起跳去抢篮板球。

对于罚球的篮板球，你应该把你最好的篮板手放在离篮筐最近的位置，篮板球一般会掉到那个位置。防守球员应该弯曲膝盖，进入平衡姿势，双手举过腰部，期待对手罚球不进。当球撞击篮圈时，防守球员应该向罚球线迈步，挡住身边的进攻球员。同时你也应该指派一名球员挡住罚球的球员。

图7.8 防守篮板球

交　流

球场上的交流是篮球比赛中必不可少的一部分，特别是对于防守端来说，你需要向你的球队强调这一点。交流包括在比赛进行时用积极有益的方式与队友说话。大多数球员在比赛时进行交流有困难。然而，队友之间的交流有助于你的球队在比赛时发挥得更好，使他们打得更努力。

防守球队的队友之间应该经常交流。在以下情况中交流就很关键。

- 当进攻球员投篮出手后，防守球员应该高喊出"投篮"，其他队友就知道去进行卡位和抢篮板球。
- 当在进行换防时，防守球员应该大喊出"球"，表明下一名球员应该去防守离篮筐最近的进攻球员。
- 当持球进攻球员在补防球员附近，该补防球员准备提供协防时，他应该喊出"帮忙"。
- 当球员所防守的球员设置掩护时，他应该喊出"掩护"，这样就会让所有的人（特别是将被挡住的队友）知道对手即将设置掩护。
- 当对手设置掩护时，防守球员应该喊出"换防""绕过去""双人防守"或"跟上"，表明应该如何应对对手的掩护。
- 当自己的球队投篮命中后，球员应该喊出"人""区域"或"压迫"，以明确应该使用何种防守。

意　识

简单地说，意识就是预测在球场上接下来将发生什么。尽管意识多少是靠直觉，但球员也可以通过学习来增强意识。对于每一名球员，篮球意识是一项很好的技术。在防守方，意识就是思考进攻球员接下来可能做什么，并对他们的下一步动作做好准备。例如，如果防守弱侧球员，那么该防守球员就处于补防的位置，这时防守球员需要明白，处于球和自己防守的球员之间，可能有机会抢断或干扰对手传球。在其他情况下，良好的意识可以帮助球员制造对手带球撞人、快速补防投篮球员，或者占据好的篮板球位置。作为一名教练，你必须对球员强调篮球意识，在场上一有机会就举例说明篮球意识的重要性。

第**8**章

防守战术

好的防守战术通过限制对手空位，从而限制对手得分。好的防守不仅能减少对手的得分机会，也为自己的球队创造了得分机会。为了使球队的防守更有效，球员必须使用正确的防守技术。另外，你的球员还应根据比赛情况，执行团队防守战术。在本章中，我们将重点介绍防守战术的以下几个方面：组织一次团队防守、防守有球球员和无球球员、内线防守、补防、防守掩护、改变防守、压迫式防守和特殊情况下的防守。

组织一次团队防守

青少年篮球中使用的两种主要防守类型是人盯人防守和区域联防。在人盯人防守时，每名防守球员负责防守一名进攻球员（见图8.1）；但同时球员也应保持警惕，在有些情况下需要帮助队友协防，阻止进攻球队得分。在区域联防时，球员负责防守一块区域，而不是具体的某一名进攻球员。例如，在常见的2-3区域联防中，2名球员负责防守侧翼和高位区域，3名球员负责防守底线和中路（见图8.2）。小球员应该首先学习人盯人防守。学习人盯人防守可以使球员学到区域防守的必要基本技术，随着他们年龄的增长和技术的提高，他们就可以学习区域联防了。

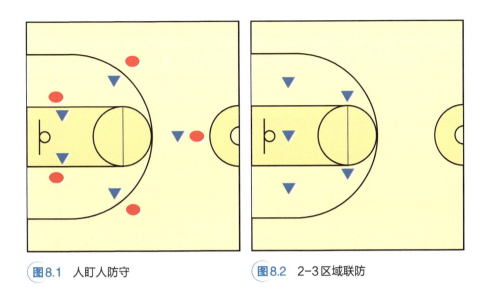

图8.1　人盯人防守　　　　　图8.2　2-3区域联防

跳球策略

在防守跳球的情况下，如果你的球队执行正确的战术，那么就可能获得球权。如果你知道几乎没有获得跳球的机会，那么你的球队必须试图迫使对手将球拨到跳球球员的弱侧，球场的这一侧是跳球球员最难传球的方向（对于右手球员来说，弱侧是指他的右方或后方）。你应该在对手最容易传球的方向各安排一名球员，这将迫使对手将球拨到一个更难传球的位置。

防守有球球员和无球球员

当进行人盯人防守时，对有球球员的防守和对无球球员的防守是球员必须知道的两个概念。相比于防守无球球员，防守有球球员时，防守球员应该遵守几条准则。

防守有球球员

防守有球球员是指防守持球的进攻球员。当进攻球员开始运球时，防守球员应该滑动双脚，与进攻球员保持一臂的距离（见第114页的图8.3a）。防守球员应该抢在进攻球员前到达进攻球员想要到达的位置。此外，如果防守球员可以迫使进攻球员停止运球后把球拿起来，此时防守球员就可以迅速贴近进攻球员，用手阻挡他的传球路线，同时施加更大的防守压力（见图8.3b）。当防守持球进攻的球员时，防守球员应该看着对手的身体；如果看着对手的头或脚，他们可能会被对手的假动作欺骗，从而失去防守位置。

当防守持球球员时，更高级别的球员可以使用四大防守策略。每一个策略都需要防守球员对运球球员建立半身防守位置，封堵对手的一个运球方向。防守球员应该与进攻球员错开半个身位，而不是正面对着进攻球员（见图8.4）。

图8.3　防守持球球员

图8.4　半身防守位置

改变对手的运球路线。建立半身防守位置的球员可以迫使运球球员转变或逆转运球方向。因为运球球员担心被防守球员抢断，他就更难找到空位的队友传球。

迫使对手运球到边线。当防守球员迫使运球球员向边线运球时，运球球员就只能向一个方向传球。防守球员向球场内侧做半身姿势，内侧脚（更靠近球场中间的那只脚）在前，另一只脚在后。这个技术把进攻球员限制在球场的一侧，使进攻球队更难得分。

迫使运球球员去中路。通过向球场外做出半身姿势，防守球员可以迫使运球球员走中路。这个策略可以使运球球员向防守球员的队友移动。

迫使运球球员使用弱手。通过对进攻球员的强手施压，防守球员可以迫使运球球员使用弱手。防守球员可以向运球球员的强手侧做半身姿势，对运球球员的强手施压。

防守无球球员

防守无球球员是指防守没有持球的进攻球员。防守无球球员和防守有球球员一样重要，但却更复杂一点。当防守无球球员时，防守球员需要明白"球–你–人"这一概念，见图8.5。这个概念的意思是持球进攻球员、"你"（防守球员）和你负责防守的无球进攻球员的位置构成一个三角形。

图8.5 "球–你–人"三角形站位

防守球员所站的位置要使他们能够看见球（并且知道他们是否需要帮助队友协防对手的传球和突破），他们也要紧跟移动的对手（他们负责防守的球员），对手可能会试图找到空位接球。对手离球越近，防守球员就要离对手越近；对手离球越远，防守球员就可以离对手远一些，并准备帮助队友协防持球进攻的球员。当球从一名进攻球员传到另一名进攻球员的手中时，防守球员必须快速移动，并根据球和其负责防守的球员的位置，及时调整位置和姿势。

拒绝姿势

当球员所防守的对手离球只有一个传球的距离时，球员应该使用拒绝姿势。进攻球员之间的一个传球的距离叫作传球路线。此时，防守球员应该把一只手和一条腿放到传球路线中（见图8.6）。这种拒绝姿势也可以使防守球员建立一个"球–你–人"的三角形，阻止进攻球员传球。

图8.6 拒绝姿势

开放姿势

当进攻球员之间的距离是2次以上传球距离时，防守球员应该建立一个开放姿势，但同时保持"球–你–人"之间的三角形。在使用开放姿势时，防守球员一只手指向球，另一只手指向对手（见图8.7）。当球向篮下移动，或者进攻球员快速向篮下空切（帮助被防守的队友突破）时，防守球员应该用余光观察到，然后做出反应。

图8.7 开放姿势

对有球球员和无球球员的防守技术

无论是防守有球球员还是无球球员，防守球员都必须记住，场上位置和防守姿势是最重要的两项技术。然而，在针对有球球员和无球球员进行防守时，球员还需要考虑一些事情，并且时刻问自己。

防守有球球员

- 我是否进入准备姿势并且保持警惕？
- 我与对手（持球球员）的距离是否为一臂？是否对他的投篮、传球和突破能力造成压力？
- 我与对手的距离是否足够近，能够防止他轻松投篮？
- 我是否离对手太近，让他能够轻松突破我？
- 当对手运球突破我时，有没有队友可以协防？

防守无球球员

- 我的位置是否合适，能否同时看见运球球员和负责盯防的球员？
- 我盯防的球员是否准备向有球一侧空切然后接传球？
- 如果我盯防的球员接到传球准备投篮，我是否可以及时防守？
- 我离对手是否太近，使他可以轻松地向有球一侧空切？
- 当队友盯防的球员运球突破时，我是否在合适的位置？能否帮助队友协防？

内线防守

内线是指罚球区；高位是指罚球线附近的位置，中位是指罚球区中间的位置，低位是指靠近篮筐的位置。防守内线比防守外线（禁区以外的区域）更困难。在内线得分会容易得多，防守球队一般会阻止进攻球队把球传到内线。在防守内线球员时，防守球员会根据对手的位置和能力进行防守。第1种方法就是绕前防守，完全阻止内线球员接球（见图8.8a）。在绕前防守时，协防球员必须站到正确的防守位置，防止对手用高吊传球把球传给内线球员。第2种方法就是直接站在内线球员的身后（见图8.8b）。这个方法会让内线球员直接接到传球，但可阻止其直接面向篮筐投篮。第3种方法是在内线球员的一侧防守，或者部分绕前（见图8.8c）；这种方法既可以阻止内线球员接球，也同时完成了卡位。

补　防

无论球员在球场上的站位有多好、交流得多有效，进攻球员有时候还是会处于空位。当这种情况发生时，球员必须知道队友需要什么样的协防、该做出什么反应。每一名球员都必须在协防的位置上，当有必要时可以及时提供协防。例如，如果你的一名球员发现一名对手在篮下处于空位，并向队友招手要球，这时这名防守球员就应该放弃防守其负责盯防的、离球更远的那名对手，快速向篮下移动，防止对手将球传到内线。再如，如果一名持球进攻的对手运球突破防守他的球员，处于运球球员和篮筐之间、离运球球员最近的防守球员应该立即移动到运球球员的上篮路线中，切断运球球员的上篮路线。这可能会导致进攻球员带球撞人犯规，将球抛出，或者走步。防守球员应该知道的最重要的一点就是球在场上的位置，这样他们就能在场上站好合适的位置，在必要时进行协防。不管在什么情况下，如果防守球员被击败，没有跟上进攻球员，也没有可能恢复防守位置，那么这名防守球员就应该大喊出"帮忙"，另外的4名队友都应该做好协防的准备。

此外，每一名球员在防守时还必须知道如何正确覆盖空当。无论是在球场的哪个位置，无论是人盯人防守还是区域联防，防守球员都必须覆盖这些空当，即两名防守球员之间的空间。好的进攻球员会向这些空当运球。防守球员必须快速做出反应，迅速滑步横移填补空当，并试图造成对手带球撞人或失误。

图8.8 内线防守：a. 阻止；b. 在身后防守；c. 部分绕前

防守掩护

进攻球员通过设置掩护,阻挡一名防守球员的移动路线,从而释放一名队友。掩护可以用于有球球员防守和无球球员防守。防守球员必须能够防守对手的掩护动作,从而阻止对手得分。防守掩护的3种方法是冲过掩护、绕过掩护和换防。

指导建议 在防守掩护时,球员需要进行交流,相互帮助。当球员所负责盯防的人设置掩护时,该名防守球员应该提醒队友对手正在设置掩护,并大声喊出掩护的方向,如"掩护右边"或"掩护左边"。

冲过掩护

如果掩护人和掩护人的队友之间还有空间(见图8.9),那么防守球员应该从这个空间挤过去。当球员挤过掩护时,他应该喊出"穿过"或"超过",让防守掩护球员的队友知道继续防守自己的人。当穿过掩护时,球员先过一只脚,然后身体的其他部分再过去。

绕过掩护

当防守一名投篮不好的对手或速度快的突破手,或者设置掩护的位置离篮筐较远时,防守球员就可以绕过掩护。当对手设置掩护,试图阻挡一名防守球员,而该防守球员负责盯防的人是一名快速的突破手,或者设置掩护的位置超出了突破手的射程时,防守球员就应该从篮筐一侧绕过掩护(见图8.10)。

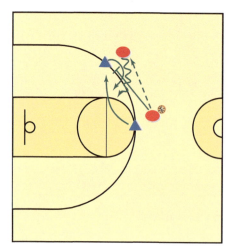

图8.9 冲过掩护

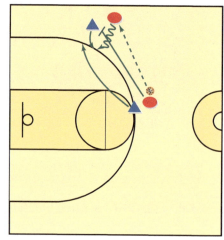

图8.10 绕过掩护

换防

如果两名球员的体形和防守技术水平都差不多，那么防守掩护最简单的方式就是换防。当进攻球员运球通过掩护时，负责防守掩护的球员就换防运球球员，负责盯防运球人的球员就开始防守设置掩护的球员（见图8.11）。这是阻止运球球员冲击篮筐的最佳方法。然而，这样运球球员就有空间把球传回给设置掩护的球员。如果负责防守的两名球员的体形和防守能力有差异，那么换防就是最不可取的方式，因为这会使进攻球员可以利用错位进行单打。当球员进行换防时，应该喊出"换防"。换防时，一名球员必须占

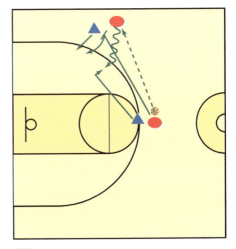

图8.11 防挡拆时换防

好位置，阻止对手向空切球员（即做完掩护后向篮下空切的球员）传球，同时另外一名球员要占据掩护球员有球的一侧。

改变防守

一般来说，球队在比赛中不是采用标准的人盯人防守，就是采用区域联防（第112页讨论过），但改变防守能够给对手的进攻造成一些困难。例如，如果对手已经适应了你的人盯人防守，你可能需要改变你正在使用的防守方法。这意味着改成区域联防或压迫式防守（见本页下面对压迫式防守的介绍），意在打乱对手的进攻节奏。也可以改变对掩护的防守方式，例如，你可以采用双人防守设置掩护，而不是进行换防，因为这可能出乎对手的意料。或者你可以改变对内线或侧翼的防守，绕前防守内线球员，阻止对手向内线传球，或者阻止对手向侧翼传球，这样可能破坏对手的进攻。进行这样的防守调整对球员来说并不困难，也不会让他们感到困扰。

压迫式防守

无论你教球队使用何种类型的防守，你必须准备好一些类型的压迫式防守，可以在比赛的最后阶段使用，或者迫使对手失误后快速得分。压迫式防守通常是赌博式防守，

包括包夹对手或进行抢断。在很多情况下，压迫式防守并不会直接使抢断成功，但连续使用压迫式防守可能会对进攻起到作用。根据球员的情况，你可以选择以下类型的压迫式防守。

- **1-2-1-1或菱形压迫式区域联防**。这是一种全场压迫式防守，一名球员防守对方的持球人，两名球员分别在两个肘区，一名球员在中场，一名球员退到对面的禁区。当对手发球后，防守持球人的球员和一名在肘区的球员将对持球人进行包夹。
- **人盯人压迫式防守**。这是一种从全场开始的人盯人防守，每一名防守球员从球场的一端开始防守防守自己的球员到球场的另一端。
- **不同类型的四分之三场和半场压迫式防守**。例如，1-2-1-1型防守可以压缩到四分之三场。一名球员回到罚球区顶端，两名在肘区的球员回到中场线，以此类推。2-2-1阵型四分之三场压迫式防守也非常有用，两名球员在罚球区肘区，两名球员在半场，一名球员回到另外半场的禁区。在进行这种区域防守时，在半场边线或底线对对手进行包夹。最后，还有一种半场压迫式防守的阵型是1-3-1，即一名球员在半场，3名球员在罚球线和罚球线的延长线，一名球员在禁区。

最好的策略是为球队选择一种类型的压迫式防守，而不是教他们很多种类型。如果球队的球员个头较矮、速度较快，菱形压迫式防守和全场压迫式防守更适合球员。如果球队的球员速度较慢，你就应该使用赌博性质更小的四分之三场压迫式防守，如2-2-1和1-2-2防守阵型。2-2-1阵型在青少年级别更常用（见图8.12）。

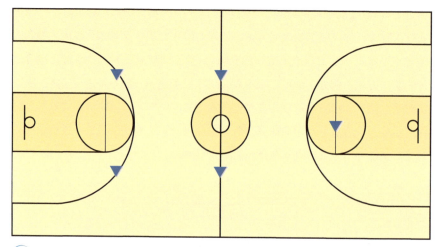

图8.12 2-2-1压迫式防守阵型

特殊情况下的防守

特殊情况下的防守，例如防守对手发界外球，是球队必须学习和练习的防守。用区域联防去防守对手发界外球的战术是一种很好的策略，因为这样可以避免球员被对手的多重掩护给挡住。当对手发边线球时，球队可以进行常规防守；但如果对手是发底线球，球员必须知道对手发球人的位置，并在遇到对手掩护时及时交流。防守球员有时会忽视发球人，从而使发球人在发完球后经常处于空位。

还有一种特殊情况，球队需要有所准备，就是当对手拖延比赛时。在这种情况下，防守时应该知道什么时候犯规停表，以及如何在球场的任何位置对持球人进行包夹。为了让球员知道在这种情况下应该怎么做，交流是必不可少的。

第**9**章

防守训练

防守训练是打造一支具有出色防守能力的球队的基础。无论是在主场还是客场比赛中，球队的防守都应该保持稳定。防守的成功与否并不取决于对方是否投篮命中，而是取决于每一名球员的努力。防守姿势和滑步是做好防守的基础，球员应该每天都对这些进行训练。随着训练的进行，可以进行2对2、3对3和4对4防守训练。

另外的一些防守训练方法将在第10章~第14章中介绍，更多的训练选择可以参考这几章。

➤ 从边线到边线防守滑步

目标　学习如何在防守姿势下进行有效滑步。

描述　球员排成一排，垂直于边线，听到教练指令，球员进入基本的防守姿势，然后用滑步横穿全场。球员的手臂抬起，向外张开，以强调保持低重心。球员到达边线后，再重复训练，向另一端的边线移动。根据球员年龄的不同，持续训练3~7分钟。

需要强调的是脚要指向滑动的方向（例如，当向右侧滑动时，右脚应该指向对面的边线），先移动更靠近滑动方向的那只脚（例如，当向右侧滑动时，应该先移动右脚），第一步应该滑动很大一步。

变化

- 开始训练时球员先只滑动一两步，让球员知道该如何正确滑步。
- 在练习防守横移时加入横向跑动技术。

➤ 防守投篮

目标　学习对投篮球员施压的最好方法。

描述　球员分成两组，在球场一端沿底线排成两排。第一排的第一个球员持一个球，向球场另一端的篮筐运球，同时另一排的第一名球员防守他（教练指定球员将用什么类型的方式投篮）。当持球球员投篮时，防守球员使用适当的技术封盖或干扰投篮。防守球员拿下篮板球，两名球员沿着边线慢跑回来。防守球员把球传给自己组的第一名球员，然后两名球员走到他们各自组的最后一个位置。重复这套动作，直到每一名球员都有机会防守一次投篮。

变化

- 从半场开始训练。
- 加入交叉步运球，让防守球员练习在对手投篮前如何调整步伐干扰对手投篮。

➤ 防守运球

目标 学习在全场情况下防守运球球员。

描述 将球员分成两组，沿球场一端的底线排成两排。一名球员持球，作为进攻球员，另一名球员充当防守球员。进攻球员在场上按照"之"字形移动，把边线当作界线。进攻球员用半速运球，让防守球员可以练习正确的防守姿势。球员运球到达对面的底线后，把球传给本组的第二名球员。两名球员重新开始训练。重复这套训练动作，直到每一名球员都轮到一次。

在整个训练过程中，防守球员必须保持自己的头部低于进攻球员的肩膀。另外，球员应该放下引导腿一侧的手，阻止进攻球员交叉步运球；另外一只手应该举到腰部以上，防守传球路线。

变化

- 让球员在半场交换攻防位置。
- 记录防守球员可以使运球进攻球员改变几次方向。

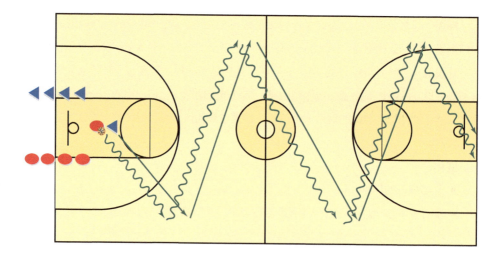

▶ 防守篮板球

目标　学习抢篮板球挡人技术。

描述　球员分成4组，两组球员站在篮筐两侧的底线，另外两组球员站在罚球线两侧，分别正对于篮下两组球员。篮下两组球员的第一名球员持一个球，把球传给他正前方那一组的第一名球员。该球员投篮，然后投篮球员和罚球线另一组的第一名球员一起抢篮板球。篮下两组的第一名球员充当防守篮板手，他们先卡位挡人，

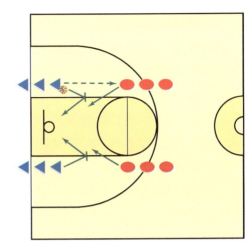

然后再去抢篮板球。抢下篮板球后，把球回给底线那组球员，即训练最初开始的地方。所有球员回到他们各自组的最后一个位置。重复这套训练动作，直到所有球员都有机会抢一次篮板球。

变化

- 为了增加对正确技术动作的重视，开始训练时仅分为两组，一组在底线，另一组在罚球线。
- 允许进攻球员在投篮前向左或向右运一下球。

▶ 4对4卡位

目标　学习针对球和投篮球员的卡位。

描述　4名防守球员并排靠拢站在罚球线上，双手放在另一名球员的肩膀上。有4名进攻球员，包括两名后卫和两名侧翼球员。4名进攻球员站在三分线外。数"一、二、三"后，防守球员一齐喊出"卡位"。教练将球传给一名进攻球员，后者立即出手投篮。然后防守球员注意力只集中在篮板球卡位上。然后下一名进攻球员再投篮。在训练一定的时间后，进攻球员和防守球员互换位置。

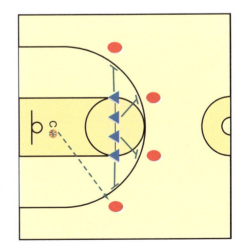

变化

- 开始时先进行2对2训练，然后3对3训练，最后4对4训练。
- 允许进攻球员在投篮前向左或向右运一下球。

➤ 3名球员跑动和滑步

目标　学习如何防守一名快速运球的球员。

描述　训练开始时一名防守球员在底线防守一名进攻球员，第三名球员在有球一侧的篮筐下。进攻球员向边线运球，防守球员滑步切断进攻球员的运球。然后，进攻球员转身，把球传给身后一步的第三名球员。传球后，新的持球球员再以45°角向对面的边线运球。然后，防守球员转身，迅速移动到对面底线，抢在新的运球球员的前面。在这个点，新的运球球员把球传给之前的运球球员，后者在有球一侧的篮筐下，位于前者身后一步的地方。继续训练，同一名球员进行4次边线拦截，然后再交换位置，使每一名球员都有机会充当防守球员。

变化

- 开始时先进行1对1训练，运球球员向对面边线运球，防守球员跑动然后滑步，赶上运球球员。
- 运球球员到达半场后，让进攻球员试图投篮得分。

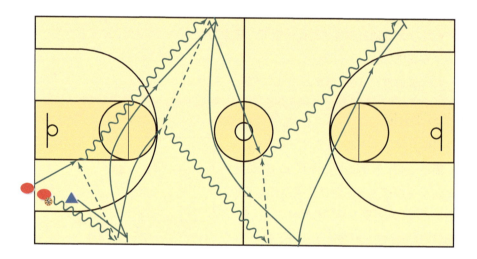

➤ 4 名球员跑动和包夹

目标 学习包夹运球球员。

描述 开始时一名防守球员在底线防守一名进攻球员，第二名进攻球员和他的防守球员在有球一侧的篮下。进攻球员向边线运球，他的防守球员滑步，试图拦截运球。在这个点，第二名防守球员离开他自己的对手，去包夹运球球员。进攻球员转身，试图把球传给其身后一步的队友，从而打破包夹。传球后，新的持球球员以45°角向对面边线运球，两名防守球员快速移动，在对面的边线对他进行包夹。这时，新的运球球员把球传回给之前的运球球员，后者在有球一侧的篮筐下，位于新的运球球员身后一步的地方。训练继续进行，相同的防守球员进行4次边线包夹。每一名球员都应该轮到一次防守包夹。

变化

- 训练2对1包夹，两名防守球员在边线包夹一名进攻球员。
- 球过了中场线后，让两名进攻球员在面对两名防守球员的情况下试图得分。

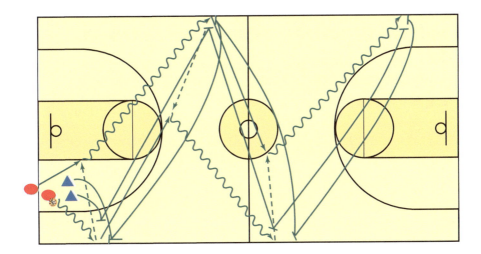

➤ **施压**

目标 学习从协防位置对外线投篮球员施压。

描述 一名防守球员在罚球线肘区，一名进攻球员在侧翼。教练在罚球区顶端持球，然后把球传给侧翼球员，防守球员迅速补防。然后，侧翼球员把球传回给教练，防守球员跳回到肘区（a）。之后，教练向侧翼运球，进攻球员同时向阻区空切。防守球员伸手阻止传球，当球到侧翼后，防守球员面向进攻球员。接下来，教练将球传给进入罚球区顶端的一名新球员。该球员接球后，防守球员跳出来，高举双手，阻止持球球员向低位传球（b）。进攻球员从罚球区顶端向侧翼传球，以此类推，几次传球之后，教练把球拍掉；然后在阻区的进攻球员迅速移动到对面的侧翼，同时在罚球区顶端的球员退出训练。防守球员留在协防位置，直到教练把球传给对面的侧翼球员后，防守球员再补防侧翼接球的球员（c）。在这个点，教练和对面侧翼的进攻球员来回传几次球，同时，防守球员相应地调整防守姿势；教练再一次把球拍掉后，在侧翼的进攻球员向禁区中间空切，然后再移动到罚球区顶端。防守球员阻止进攻球员空切（d）。当教练把球传给在罚球区顶端的进攻球员后，训练变成现场1对1训练。防守球员必须迅速补防对手，干扰对手投篮。

变化

- 先把训练分解成各个部分，然后再把所有防守技术融合在一起训练。
- 使整个训练成为一个现场训练。

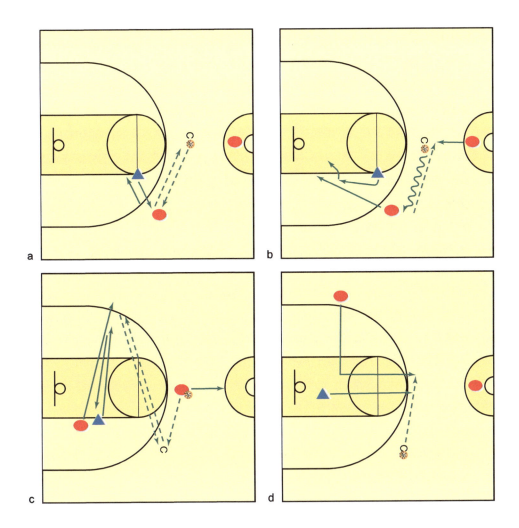

a

b

c

d

➤ 1对1掌控

目标　学习防守一名运球的进攻球员，以及学习在死球情况下的防守。

描述　教练持球站在罚球区顶端，充当进攻球员，防守球员用适当的防守姿势防守教练。教练双手持球，上下左右来回摆动球，时而将球置于膝盖以下的位置，时而将球举过头顶，防守球员用手罩住球，跟随球的移动轨迹。然后，教练向不同的方向运球（例如，向底线或场地中央运球），防守球员用比赛的速度滑步防守。当防守球员把教练逼到边线时，在一名新的防守球员到来前，防守球员应该再一次把球罩住。

变化

- 让教练只运一次球。
- 用另外一名球员代替在罚球区顶端的教练，他试图突破防守球员得分。

➤ 1对1训练

目标　阻止进攻球员得分。

描述　一名进攻球员和一名防守球员在侧翼站好位。当防守球员将球交给进攻球员后，训练开始。进攻球员最多运三下球，然后投篮，防守球员试图跟住进攻球员，干扰他的投篮。进攻球员出手投篮后，防守球员卡位，然后抢下篮板球，训练结束。然后，进攻球员开始充当防守球员，一名新的进攻球员加入训练。

变化

- 在开始训练时，只允许进攻球员运一下球。
- 要求防守球员把球限制在禁区外。

➤ 1对1对球员施压训练

目标　学习对外线投篮球员施压，然后阻止运球球员接近篮筐。

描述　一名进攻球员和一名防守球员上场。一名防守球员持球站在篮圈前的一个阻区上，他把球传给在肘区的进攻球员，训练开始。传球后，防守球员立即移动到好的防守位置，阻止对手接近篮筐。进攻球员接球后立即寻找得分机会。进攻球员允许最多运两下球，然后投篮。防守球员试图跟上进攻球员，干扰他的投篮。进攻球员出手投篮后，防守球员先卡位，然后抢下篮板球，训练结束。

变化

- 在开始训练时，限制进攻球员运一下球或不可运球。
- 允许进攻球员最多运三下球后投篮。

➤ 1对1从协防位置对球员施压

目标 学习在防守其他球员时如何对投篮球员施压。

描述 教练、一名进攻球员和一名防守球员上场。防守球员在弱侧的肘区，进攻球员在罚球区顶端，教练持球在侧翼（也可以进攻球员在侧翼，教练持球在罚球区顶端）。教练向进攻球员传球，在进攻球员降低重心准备接球投篮时，防守球员必须向进攻球员移动，对球施压。进攻球员接球后，两名球员进行1对1攻防练习。进攻球员投篮后，防守球员卡位然后抢篮板球，训练结束。

变化

- 限制进攻球员只能运一下球，或不可运球，抑或限制进攻球员只能往左或往右运球。
- 允许进攻球员无限制运球，也可以任意向左或向右运球。

➤ 2对2训练

目标 学习有球一侧和协防一侧的防守责任。

描述 一名进攻球员在罚球区顶端，另一名进攻球员在侧翼。由一名防守球员防守进攻球员。当球在罚球区顶端时，一名防守球员负责防守球，另一名防守球员在肘区负责防守在侧翼的进攻球员。此时，双方自由进行攻防。当进攻球员移动球时，防守球员必须阻止他们得分。如果进攻一方得分，防守球员在场地来回跑一次。

变化

- 限制进攻一方的运球次数，或限制进攻球员的移动。
- 允许进攻球员多次运球，可以移动到球场的任何位置。

▶ 3对3训练

目标 在3对3的情况下与另外两名防守球员阻止进攻一方得分。

描述 教练持球站在篮下，3名进攻球员在外线（两名在侧翼，一名在罚球区顶端）。3名防守球员在禁区。教练将球传给一名进攻球员后，一名防守球员向外移动对持球人施压，另外两名球员移动到弱侧防守位置（a）。从这个位置，进行以下的防守训练。

1. **弱侧交换**。进攻球员将球从罚球区顶端传到侧翼。罚球区顶端的进攻球员和另外一名侧翼球员交换位置，两名防守球员也必须转换防守位置（b）。

2. **进入3秒区**。进攻球员将球从罚球区顶端传到侧翼。然后，无球的两名进攻球员向禁区空切，试图突破防守。防守一方必须根据对手是传球（c）或持球突破还是空切做出相应调整。

3. **底线轮转**。进攻球员将球从罚球区顶端传到侧翼。侧翼的进攻球员接球后，将球左右摆动。弱侧的防守球员向外移动对持球人施压，同时罚球区顶端的防守球员退到罚球圈（d）。运球球员将球传给球场另一侧的进攻球员，刚才换防的球员仍然跟着球。在罚球圈的防守球员防守第一传，防守球的球员去防守另一名进攻球员。

4. **底线轮转加弱侧交换**。进攻球员将球从罚球区顶端传到侧翼。两名进攻球员在弱侧交换位置。当进攻球员在弱侧交换位置时，防守球员必须跟住他们自己负责防守的人，但也必须阻止有球一侧的进攻球员可能从底线运球突破（e）。

变化

- 先教球员们学习这个训练的一部分，然后再加上其他部分。
- 给这个训练加上规则：当教练说出"实况"，进攻球员在3对3的情况下可以对防守做出任何动作得分。

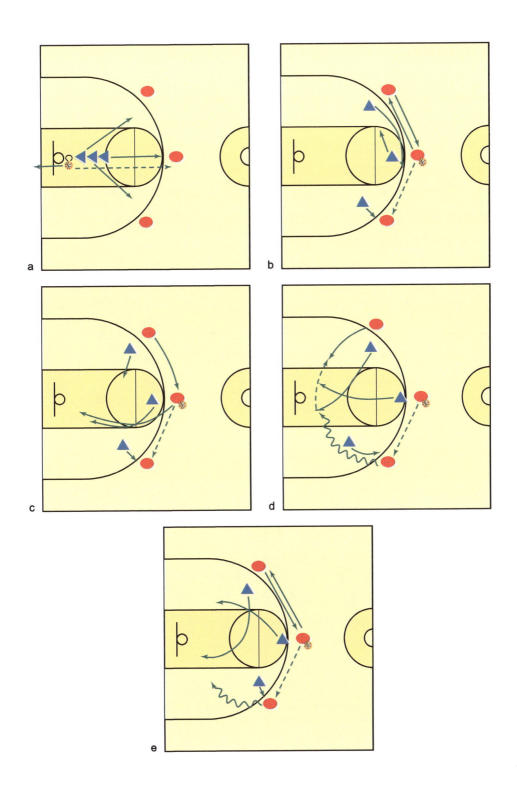

➤ **4对4训练**

目标 学习4对4情况下的防守轮转。

描述 这个训练包含了3对3训练中的动作。教练持球站在篮下，4名防守球员在禁区，4名进攻球员（包括两名后卫和两名侧翼球员）站在外线。教练将球传给4名进攻球员中的一名，一名防守球员向外线移动对球施压，同时另外3名防守球员移动到弱侧位置（a）。从这里进行以下防守训练。

1. **弱侧互换。** 当后卫将球传给前锋后，进攻一方在弱侧的后卫和前锋交换位置。当进攻球员交换位置时，防守球员必须移动到他们各自的弱侧防守位置（b）。

2. **防守对手向篮下空切。** 后卫将球传给前锋后向篮下空切。弱侧的后卫和前锋轮转到空位。然后，防守球员移动到他们各自的弱侧防守位置（c）。

变化

● 先教球员们学习这个训练的一部分，然后再加上其他部分。

● 给这个训练加上规则：在训练的任何时候，当教练说出"实况"后，进攻球员可以对防守做出任何动作得分。

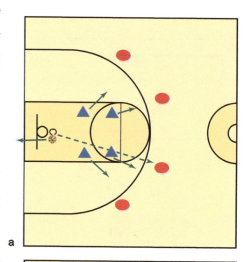

a

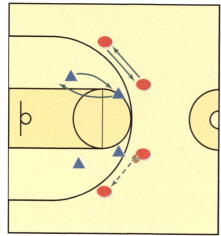

b

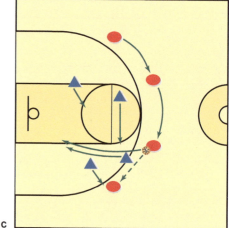

c

➤ 协防

目标 为队友提供协防。

描述 进行3对3训练。在离篮筐15~
20英尺（4.6~6.1米）的位置标记一个3英
尺×3英尺（约0.9米×0.9米）的区域。该
区域叫作"冻结区"，意味着当防守球员进入
该区域后，就不能再移动。指导进攻球员运
球，把防守球员带入"冻结区"。当一名防守
球员进入冻结区后，运球球员应该继续向篮
筐运球（其他进攻球员不应该聚集在冻结区
或运球球员的前进路线上），然后在冻结区的
防守球员应该喊出"协防！"。离该防守球员

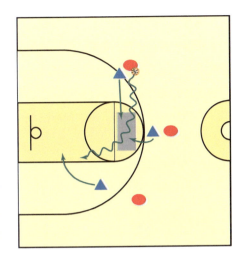

最近的队友应该做出适当的回应，试图切断运球球员的运球，并防止运球球员向队友传
球。如果防守一方成功进行协防，那么他们就得1分。

注意：如果防守一方没有提供有效的协防，但进攻一方依然没有投篮命中，防守一方
不得分。成功的协防意味着切断运球球员的路线和阻止对手获得轻松得分的机会。

变化

- 为了使比赛更容易，进行3对4比赛，或者使冻结区更远离篮筐。
- 为了使比赛更具挑战性，取消冻结区。

➤ 切断

目标 防守对手掩护。

描述 进行2对2、3对3或4对4训练。进攻一方在设定战术时必须使用掩护。如果
防守一方很好地防守了对方的掩护（就是说对方并没有通过掩护获得优势），防守一方就
得1分。如果进攻一方通过掩护获得优势，防守一方就失去1分。如果进攻一方通过掩护
直接得分，那么防守一方失去2分。设置掩护后代表一次进攻结束（进攻一方可以在通过
掩护后直接投篮）。之后，进攻再重新开始。在5个回合后，双方交换攻防位置。

变化

- 为了使比赛更容易，可以进行2对3或3对4训练，或允许防守球员喊出"换防"，
  然后再对掩护进行换防。
- 为了让比赛更难，要求防守球员绕过或冲过掩护，不可以换防。

➤ 无传球区

目标 切断传球路线和抢断传球。

描述 进行3对3训练。防守一方试图切断对手的传球路线和抢断传球。每名进攻球员最多运三下球就必须传球。进攻球员移动到空位去接传球，然后再寻求机会给空位的队友传球。进攻一方控球1分钟。然后两队交换场地。在1分钟内，如果防守一方抢断成功，再把球给进攻一方。每次抢断记1分。给每支球队5次1分钟防守时间。

变化

- 为了使比赛更容易，进行3对4训练，或者不允许进攻一方运球。

- 为了使比赛更难，进行4对3训练。

➤ 迫使对手失误

目标 通过抢断制造对手失误。

描述 进行3对4训练或2对3训练，依据球员的年龄，选择打半场还是全场。进攻一方必须完成4次传球后才可以投篮。防守球员必须使用他们的防守位置逼迫对手失误或形成抢断。以下情形可以获得1分奖励：把运球球员逼到边线、迫使运球球员走中路（假设防守球员有队友在中路可以提供协防），或迫使运球球员使用弱手运球。比赛进行5分钟后，互换攻防位置。

变化

- 为了使比赛更容易，进行3对5训练或2对4训练。

- 为了使比赛更难，进行3对3训练或4对4训练。

➤ 抢夺

目标 当球队从进攻转成防守时，快速找到一名进攻球员。

描述 4名进攻球员（两名后卫和两名侧翼球员）分布在外线，各自面对他们的防守球员。球绕过防线，防守球员在他们的协防位置做出相应调整。然后，教练吹响哨声，拿球的球员将球放在地板上。此时，防守球员移动到进攻位置，进攻球员移动到防守位置。新的防守球员需要防守球场对面的某一名球员。当新的进攻球员把球拿起，训练变成一场实时的4对4训练。

变化

- 先进行2对2训练，然后再进行4对4训练。当防守球员换成进攻一方后，可以限制他们的运球次数。

- 当球从防守球员到进攻球员手中后，不限制运球次数。

第3部分

练习

你与球队共同训练的时间对你和你的球员来说是最重要的。教练和球员一样应该从训练中获得乐趣。当你踏入训练区，你应该知道这些问题的答案：（1）我打算教什么？（2）我打算怎么教？（3）我为什么要教这些？每次训练都不应该浪费时间；教练在一部分训练结束后应该快速进入下一部分。每一部分的训练安排都不应该超过10分钟。训练应该快速进行，如果你让他们在每次训练时都保持忙碌和不停移动，你会发现球员会一直保持对训练的乐趣。

热 身

热身运动对于减少受伤和使肌肉做好紧张运动的准备至关重要。球员每次训练前应该花10~15分钟热身，包括拉伸和适应性训练。篮球也可以用于热身，以帮助球员提高技术，如运球和传球。让球员在底线进行不同的热身训练（包括与传球和运球相关的训练），从一端底线到另一端的底线来回训练。当球员在底线等待上场热身时，可以做拉伸运动。

训练工作

在每堂训练课上，你都应该强调几项技术，然后练习这些技术。训练应该是你的进攻和防守教学的延伸，除了提高球员的个人技术，尽量使你的训练能够对球员的进攻和防守战术也有所助益。

当教授一项新的进攻或防守战术时，记住整体−部分−整体理论。这个整体−部分−整体教学法包含了展示和演示一项篮球技术，然后将该技术分解成几个部分来教。在教授一项技术的各个部分之后，教练再把所有部分整合在一起。整体−部分−整体教学法的优势在于，球员知道他们应该先做什么。这将会使分解训练更有效，会使他们明白各分解训练是如何融合成完整的技术的。

当准备和执行训练时，以下是一些需要考虑的关键点。

- 确保每个训练都有一个名称。
- 确保给每次训练计时。
- 建立一个训练组合，使其与你的具体打法和基本概念密切相关。
- 时常问你自己这些问题：（1）我们为什么进行这项训练？（2）我们多久进行一次这项训练？（3）我们是否获得了理想的结果？

- 向你的球员讲解这些训练的价值，大多数球员并不喜欢训练，把训练当作是健身。

- 使训练多种多样，让球员不觉得枯燥。在训练期间，最大的挑战就是让球员始终把注意力集中在表现上。

- 记住教练也是老师，在训练中需要不断教球员。

- 强调热情。做一名有声的教练，让球员们知道你在观察他们每一次训练。

- 记住你在训练中的职责：教学、激励和纪律（不要惩罚，但强调正确性和集中注意力）。

- 一定要平衡好批评和表扬，批评一次后至少要表扬两次。

- 记住，在训练中最常被忽视的两个方面是传球和空切。

- 在训练期间，试图把每次练习都安排在最佳时间。

- 总是在训练开始时介绍新的练习方法，这时候球员的注意力是最集中的。

- 确保在每次耗体能的训练后进行有趣的训练，反之亦然。

- 使训练多种多样（但都强调相同的主题），避免枯燥和千篇一律，使更多的球员同时参与到训练中，让助教有机会教球员。

- 为了达到教学目的，在每一次训练中每个小组只有3~5名球员，根据球员的特点精心分组。

- 记住，在一次训练中，不要对所有球员的训练量和注意力的要求都相同。

- 不要在训练结束时让球员感觉他们受到了惩罚。相反，让球员在结束训练时感到欢乐，这样球员和教练在离开训练场地时有一种积极的感受。

短边比赛

短边比赛是指一边少于5人的比赛或训练。短边比赛将防守和进攻战术分解，然后让球员训练相关的战术。通过使用短边比赛，教练将球员置于类似于正式比赛的训练环境中，使球员在提高技术的同时，也能产生学习乐趣（在大多数情况下，短边比赛是教学的一部分，然后再进行5对5的全场攻防训练）。

短边比赛对于提高小球员的技术也很有价值。小球员会专注于赢得短边比赛，从而积极与队友合作，而不是过多思考如何使用个人技术。死球是一个很好的叫停比赛的机会，你可以向球员们讲解一名球员或一支球队如何正确执行了你刚刚教的技术。

整理运动

每次训练结束时都应该进行具有竞争性质的整理训练。这种训练可以使球员在离开训练场时有一种积极的感受，使他们期待下一次训练。整理训练可以包括罚球训练和不同投篮点的投篮比赛，以及拉伸运动。这也是培养球队感情的时候，你可以叫球员们为一名比赛中的队友欢呼。整理运动也给教练与单个球员交流提供了机会（例如在拉伸时）。

制定训练计划

训练计划相当重要，使教练可以很好地组织每次训练课。作为一名教练，你应该列出一年中所有的教学内容，如进攻技术和战术、防守技术和战术、界外球战术和特殊情况。然后你应该制定训练计划，计划应该包含可以用于提高比赛各个主要部分的训练。

在每次训练时，记住要遵循你的训练计划。每次训练的时长控制在5~10分钟；不管球员训练得如何，到时间后就根据训练计划进入下一项训练。如果一项训练进展得不顺利，不要延长训练的时间。检讨为何这次训练进展得不顺利，因为下一次还可能用到该训练。可能该训练对于球队的年龄组来说太复杂，你可能需要根据他们的技术水平做出调整。当一项训练进展得不顺利时，你可能想让球员继续训练，但是大多数情况下，你花在那项训练上的时间越长，该项训练可能变得更糟糕。当一项训练进展得相当顺利时，这种情况也可能发生。

训练计划也会让球员明白，你组织得非常有序，知道如何为比赛做好准备。这可以增加球员对你作为教练和老师的尊重和钦佩。

在例行训练中的指导

对于教练和球员来说，训练中的指导可能是紧张和有压力的。教练应该试图让每次训练都变得没有压力，这样球员才能轻松和自信地比赛。作为一名教练和老师，你应该记住以下几点。

- 告诉球员你想要什么。
- 向球员展示你想要什么（图解）。
- 向球员演示你想要什么（训练）。
- 清除演示，然后反复使用竞赛。

大多数球员只会听你讲一小会儿，所以做简短的发言，最好不要超过1分钟。教学时尽量用很短的篇幅或短语，这比用长篇大论使球员失去兴趣、长时间站在教练身边听讲要好。

在指导球员时，如果你用积极的语调，他们会用更好的方式回应你。另外，尽快给球员反馈。这使你能提供适当的技术教学方法，也使球员能够立即做出调整。最后，当你的球员做得对的时候，不要忘了告诉他们。

以下的几章提供了不同的训练计划，并针对不同的年龄组（5~6岁、7~8岁、9~10岁、11~12岁和13~14岁），包括一个赛季初期训练计划、3个赛季中期训练计划和一个赛季后期训练计划。注意这些训练计划只是一些例子。作为一名教练，你可以组合一套对你的球队最有效的训练计划。

第**10**章

5~6岁球员训练计划

对于五六岁的小球员来说，篮球是一项新的运动。这么小的球员通常是通过他们的父母、兄弟姐妹、朋友或媒体了解篮球这项运动的，但是他们对于篮球比赛中的技术一无所知。当指导这一年龄组的球员时，你的首要目标是让球员们建立这样一种意识：篮球是一项有趣的运动。

指导这个年龄组需要很大的耐心并进行重复工作。耐心包括允许小球员在轻松的气氛中享受篮球的乐趣。你希望你的小球员们有回来训练的意愿，在整个赛季中，你希望能够培养他们对篮球的热情，并不断提高他们的技术。记住，冲他们大喊、罚他们跑步或做俯卧撑并不会改善他们对比赛的态度。

一堂训练课不要超过一个半小时，最好不要超过一个小时。每5~10分钟就应该换一个训练项目，这样球员就能完成训练任务。指导这一年龄组的最大问题在于保持球员在技术训练时的兴趣和专注度。儿童喜欢训练中的比赛，例如，记下他们每只手在一分钟内能运多少下球，或者记下他们的球队运球绕一个标志桶的次数。在训练时进行创新，从而让球员保持注意力，也使训练更有趣。

这一年龄组球员的技术水平可能大不相同，你在制定训练计划时应该考虑到这些差异。例如，训练总是包含了入门技术和高级技术，对于一些特定的训练来说，球员应该按照他们的技术水平进行分组。如果把水平不同的球员分在一组，水平更低的球员可能会噘嘴或退出训练，因为他们觉得自己一点儿都不出色，或者不如其他球员出色。教练可能需要哄这些球员回到训练中。对这些小球员永远都要保持积极的态度，他们需要对他们在场上的表现和与朋友们的交往感觉良好。不能纵容你的球队中出现任何欺凌行为。

记住，与这些球员一起享受篮球的快乐！

5~6岁

赛季初期训练

赛季初期的训练课应该让球员明白篮球是一项有趣的运动。把每项训练的时间控制在10分钟之内。试图让球员在训练期间保持移动，即从一项训练移动到另一项训练，允许他们在两项训练的间歇喝水。

赛季初期训练计划

日期：_____   时间：_____   训练编号：_____

热身运动（10分钟）

热身应该包括跑步、转身、执行跳步和∨形空切等活动。如果球员的技术水平够高，他们可以在热身的某些时候使用篮球。

- 在准备热身时，球员应该排好队，有组织地进行热身。每次训练前的热身都用相同的队形，这样能够加强球队的纪律性。
- 教练每天可以让一名不同的球员带领大家做热身运动，这能够帮助球员培养领导能力。

四线跳步和V形空切（10分钟）

将球员分成4组，在底线站成4排，每排不超过4名球员。听到教练指令（哨声），每排的第一名球员开始向前跑，在罚球线（或罚球线延长线）处停住。在执行跳步时球员应该保持身体平衡。在教练发出第二个指令后，第一组的4名球员向前跑动，在中场线处停住，同时下一组的4名球员也向前跑到罚球线处停住，并保持身体平衡。教练再发出指令，第一组跑到对面的罚球线处停住，第二组球员跑到中场线，第三组跑到罚球线。根据教练指令，球员在场上继续来回训练。当所有组球员都来回练习一次跳步，并且回到底线后，再进行V形空切训练；球员在场上跑动然后按照V形模式变向。

教学点

球员可能在停住时很难保持平衡，所以检查他们的双脚是否与肩同宽，双手是否举过腰部，头部不要前倾，下巴向上。

跳步冻结紧随（10分钟）

让一名球员在场上追逐其他球员，当其他球员被该球员触碰到时，其他球员就必须跳步（冻结），进入正确的准备姿势。当球员做出正确的准备姿势时，教练可以触碰这名球员，给他"解冻"。

教学点

一两分钟后，教练可以选择一名新的追逐球员。

左右手原地运球（10分钟）

每名球员持一个球（如果没有足够多的球，可以将球员分成2组，一次训练一组）。球员先练习右手运球。听到教练指令后，球员开始换手，即用左手运球。在这个训练中，球员也可以练习每次运球后就换手。

教学点

- 这些小球员可能会使用手掌运球，而不是用手指运球。
- 球员的手肘不应该离身体太远，应该始终靠近臀部。

盘腿坐地上投篮（10分钟）

将球员分成2人一组，面对面盘腿坐在地板上，一组球员持一个球。指导球员在投篮时如何拿球；投篮手应该在篮球下方，另一只手应该在篮球一侧。听到教练指令后，持球的球员将球投给或推给他的搭档，出手点应该高于眼睛，像鹅颈一样转动手腕。

教学点

- 如果有足够多的球，可以让每名球员拿一个球，向一面墙投篮。
- 向球员强调只用篮球下方的那只手投篮。

两人空中和击地传球（10分钟）

将球员分成2人一组，2名球员面对面站立，相距6~8英尺（1.8~2.4米）。听到教练指令后，拿球的球员给搭档传球，可使用空中传球（球不要接触地板）和击地传球。传球时双手和双肘都应该发力，手肘应该靠近身体，传球后大拇指应该指向地面，手掌向外。

教学点

- 告诉球员，接击地传球的高度应该与传球的高度一样。
- 注意小球员倾向于把球举过头顶再传球，强调每个传球都应该从腰部传出。

大量防守滑步（5分钟）

所有球员围绕教练形成分散的阵型，确保所有球员都可以看见教练。所有球员听教练的指令，或跟随教练的动作，进入防守姿势，然后再向左或向右滑步，保持膝盖弯曲，双手举过腰部。

教学点

- 这是一个跟随领队一起训练的好时机。让一名球员站在球队的前面，带领其他球员进行防守滑步训练。
- 教练应该确保球员在滑步时双脚不交叉或并拢。球员应该先迈出一步，然后再带动另一侧的腿和脚。

防守跟随（10分钟）

把球员分成2人一组，2人站在球场上一条线（如罚球线或底线）的两边。一名球员被指定为进攻球员，该球员在线的一侧快速前后移动。另外一名球员是防守球员，当进攻球员移动时，防守球员必须滑动脚步试图跟上进攻球员。进攻球员前后移动的范围应该在6~8英尺（1.8~2.4米）内。

当防守球员跟随进攻球员移动时，告诉防守球员一直看着进攻球员的腰部。也要告诉防守球员在滑步时避免双腿交叉。

1对1无球紧随（10分钟）

将球员分成2人一组。一名球员在罚球线，另一名在禁区中央。听到教练指令后，在罚球线的球员（进攻球员）试图在不被另一名球员触碰到的情况下到达底线。进攻球员必须在边线内，不可以出界。

教学点

这个训练教球员如何移动双脚，并保持合适的准备姿势，他们应该保持膝盖弯曲，以更好地保持身体平衡。

运球冻结紧随（10分钟）

每名球员拿一个球（如果没有足够多的球，球员可以分成2组，一组先训练，然后再训练另一组）。把一名球员指定为迈克尔·乔丹、勒布朗·詹姆斯或其他的球员们可能知道的球星。听到教练指令后，所有球员开始运球，指定的球员试图去触碰其他球员（所有球员都保持运球）。当一名球员被触碰到后就立即停止移动，在原地运球。在运球达到一定次数（教练决定具体的次数）后，该球员就可以"解冻"，继续移动运球。

教学点

把这场比赛的区域限制在半场，甚至罚球线到底线的区域，使指定球员更容易触碰到其他球员。

公告：_____

赛季中期训练

赛季中期训练和赛季早期训练不一样，此时球员对一些训练项目已经有所了解，他们可能已经能够很好地执行一些适于他们年龄的技术。你需要增加一些训练项目，以保持训练课的新鲜感。在训练中加入竞争是一种让球员保持兴趣高涨的好方法。你将看见球员们的技术水平开始出现分化，对此，你应该将球员分组训练，并将初级和高级的训练方法结合在一起使用。

赛季中期训练计划 1

日期: _____ 时间: _____ 训练编号: _____

热身运动（10分钟）

热身应该包括跑步、转身、执行跳步和Ｖ形空切等活动。如果球员的技术水平够高，他们可以在热身的某些时候使用篮球。

教学点

- 在准备热身时，球员应该排好队，有组织地进行热身。每次训练前的热身都用相同的队形，这样能够加强球队的纪律性。
- 教练每天可以让一名不同的球员带领大家做热身运动，这能够帮助球员培养领导能力。

大量形式上篮和投篮（10分钟）

球员在地板上分散开来，面向教练。听到教练指令后，球员想象一个球，在教练的指导下做出正确的投篮动作。球员应该想象一个球练习上篮，迈出一步，抬起右膝盖，用右手完成右手上篮（或者抬起左膝盖，用左手完成左手上篮）。

教学点

这是学习如何正确执行投篮和上篮的第一步。练习无球投篮可以使球员专注于使用正确的投篮姿势，不用担心球是否会进入篮筐。

运球上篮（10分钟）

球员在罚球线排成一排。每一名球员持一个球。球员轮流向篮筐运球，然后执行上篮。教练为每一名球员捡篮板球，再把球传给球员，然后，球员回到队中，等待下一次机会。

教学点

你也可以在开始训练时不要用球。先让球员想象一个球练习上篮，然后再使用球。

向搭档投篮（10分钟）

球员分成2人一组，面对面站立，每组球员持一个球。拿球的球员向搭档投篮，使用正确的姿势——手肘指向目标，投篮手在篮球下方，另一只手在球的一侧。球员应该将球举起，然后再投向他的搭档。

教学点

你也可以在开始训练时先不用球（球员想象一个球投向搭档），这样就能够强调投篮姿势，然后再使用球。

双线胸前和击地传球（10分钟）

将球队分成2组，面对面站成2排。一排的第一名球员持球，用胸前传球把球传给对面那排的第一名球员。传球的球员跟着他的传球，跑到对面那排的末端。训练继续进行，球员传球后跟着传球到对面那排。球员训练完胸前传球后，用相同的训练方式练习击地传球。

教学点

确保接球球员举起双手，双膝弯曲，进入准备姿势，准备接住传球。

运球和投篮比赛（10分钟）

根据球员的人数将球员分成2队或2队以上。每支球队的人数限制在3或4人。如果有足够多的篮筐，每支球队都应该有一个自己的篮筐。你可以让球员在球场上的任意地点开始训练，例如在罚球线。每支球队的第一名球员向篮筐运球，然后投篮。球员自己拿下篮板球，将球传给队中的第二名球员。每支球队都应该记住他们投篮的命中数。训练持续一定的时间，然后计算每一组投篮的命中数。

教学点

这个投篮训练也可以用于上篮或打板投篮训练。

大量防守滑步（5分钟）

所有球员围绕教练形成分散的阵型，确保所有球员都可以看见教练。所有球员听教练指令，或跟随教练的动作，进入防守姿势，然后再向左或向右滑步，应保持膝盖弯曲，双手举过腰部。

教学点

- 这是一个跟着领队一起训练的好时机。让一名球员站在球队的前面，带领其他球员进行防守滑步训练。
- 教练应该确保球员在滑步时双脚不交叉或并拢。球员应该先迈出一步，然后再带动另一侧的腿和脚。

防守跟随（10分钟）

把球员分成2人一组，2人站在球场上一条线（如罚球线或底线）的两边。一名球员

150

被指定为进攻球员，该球员在线的一侧快速前后移动。另外一名球员是防守球员，当进攻球员移动时，防守球员必须滑动脚步试图跟上进攻球员。进攻球员前后移动的范围应该在6~8英尺（1.8~2.4米）内。

教学点

当防守球员跟随进攻球员移动时，告诉防守球员一直看着进攻球员的腰部。也要告诉防守球员在滑步时避免双腿交叉。

3对3半场训练（10分钟）

将球员分成3组，在底线站成3排。每排的第一名球员是进攻球员。这3名球员先上场，面向篮筐。每排的第二名球员是防守球员，他们防守进攻球员。其他球员留在底线。进攻球队通过运球、传球和空切篮下得分。防守球员试图跟上自己防守的人。当进攻一方得分或防守一方获得球权，防守一方就变成进攻一方，然后每一组的下一名球员组成防守球队。训练一定的时间或得到一定的分数后训练结束。

教学点

根据你的球队的能力，你可以为球队加上些限制，例如防守球员不可以抢断，进攻球员只能运一下球，或进攻一方必须传3次球后才可以投篮。

运球冻结紧随（10分钟）

每名球员拿一个球（如果没有足够多的球，球员可以分成2组，一组先训练，然后再训练另一组）。把一名球员指定为迈克尔·乔丹、勒布朗·詹姆斯或其他的球员们可能知道的球星。听到教练指令后，所有球员开始运球，指定的球员试图去触碰其他球员（所有球员都保持运球）。当一名球员被触碰到后就立即停止移动，在原地运球。在运球达到一定次数（教练决定具体的次数）后，该球员就可以"解冻"，继续移动运球。

教学点

把这场比赛的区域限制在半场，甚至罚球线到底线的区域，使指定球员更容易触碰到其他球员。

两人投篮比赛（10分钟）

将球员分成2人一组，每一组拿一个球。一名球员在球场上的指定位置（如右侧肘区）投篮，投篮后自己拿下篮板球，将球交给搭档，搭档在相同位置投篮。2名球员轮流投篮，直到时间到，或命中一定的投篮数。

教学点

- 不要将投篮最好的2名球员分在一组。
- 当球员在一个位置完成投篮后，让他们移动到另一个位置（如左侧肘区）继续投篮。

公告：＿＿＿＿＿＿＿＿＿＿＿＿＿＿＿＿＿＿＿＿＿＿＿＿＿＿＿＿＿＿＿＿＿＿

赛季中期训练计划2

日期：＿＿＿＿＿＿　　时间：＿＿＿＿＿＿　　训练编号：＿＿＿＿＿＿

热身运动（10分钟）

热身应该包括跑步、转身、执行跳步和∨形空切等活动。如果球员的技术水平够高，他们可以在热身的某些时候使用篮球。

教学点

- 在准备热身时，球员应该排好队，有组织地进行热身。每次训练前的热身都用相同的队形，这样能够加强球队的纪律性。
- 教练每天可以让一名不同的球员带领大家做热身运动，这能够帮助球员培养领导能力。

大量控球和弱手运球（10分钟）

这项训练是针对弱手设计的。每一名球员持一个球，听到教练指令后，球员开始只用弱手运球。教练在吹哨时可以让球员换手运球。为了提高球员的兴趣，可以进行运球比赛，看球员在一定的时间内能运多少下球。

教学点

对于高级别的球员，教练可以加入一些其他的控球指导（例如绕着右腿运球）。

弱手运球上篮（10分钟）

球员站在右侧肘区，每一名球员持一个球。球员用弱手向篮筐运球，然后用右手完成上篮。教练拿下每一个篮板球，然后把球传给球员，然后，球员拿球回到队伍中。在训练一定的时间后，球员移动到左侧肘区，用弱手向篮筐运球，然后完成左手上篮。

教学点

在开始训练时，教练也可以让球员想象一个球进行训练，这样他们就能够掌握正确的脚步和上篮姿势，然后再使用球。

152

2人打板投篮比赛（10分钟）

将球员分成2人一组，一名搭档站在阻区，面向篮筐。该球员投篮，球必须打到篮板。该球员投篮后自己拿下篮板球，把球交给搭档。搭档在相同位置进行打板投篮。2人轮流投篮，直到时间到，或一名球员命中一定的投篮数后，训练结束。

教学点

- 不要将投篮最好的2名球员分在一组。
- 球员在篮筐一侧完成投篮后，移动到另一侧的阻区，再进行打板投篮。

2人胸前和击地传球（10分钟）

将球员分成2人一组，2名球员面对面站立，相距6~8英尺（1.8~2.4米）。听到教练指令后，拿球的球员用胸前或击地传球把球传给搭档。传球时双手和双肘都应该发力，手肘应该靠近身体，在传球后，大拇指应该指向地面，手掌朝外。

教学点

强调每个传球都应该从腰部传出。

运球和投篮比赛（10分钟）

根据球员的人数将球员分成2队或更多队。每支球队的人数限制在3或4人。如果有足够多的篮筐，每支球队都应该有一个自己的篮筐。你可以让球员在球场上的任意地点开始训练，例如在罚球线。每支球队的第一名球员向篮筐运球，然后投篮。球员自己拿下篮板球，将球传给队中的第二名球员。每支球队都应该记住他们投篮的命中数。训练持续一定的时间，然后计算每一组投篮的命中数。

教学点

这项投篮训练法也可以用于上篮或打板投篮训练。

从边线到边线防守滑步（5分钟）

球员在边线排成一排，面向站在球场一端的教练。听到教练指令后，球员向另一侧的边线进行防守滑步，然后再回到这一侧边线。

教学点

球员开始滑步时应降低重心，靠近移动方向的那只脚先迈一大步，然后用一个防守滑步的动作带动另外一只脚。

1对1无球防守（10分钟）

将球员分成2人一组。球员站在底线，一名球员充当进攻球员，另一名球员充当防守球员。进攻球员没有持球。听到教练指令后，进攻球员用V形空切在球场的三分之一的区域内移动。防守球员用滑步跟紧进攻球员。

教学点

防守球员试图和进攻球员保持一臂距离。

无运球3对3半场训练（10分钟）

将球员分成3组，在底线站成3排。每排的第一名球员是进攻球员。这3名球员先上场，面向篮筐。每排的第二名球员是防守球员，他们防守进攻球员。其他球员留在底线。进攻球队不可以运球，通过传球和空切篮下得分。防守球员试图跟上自己防守的人。当进攻一方得分或防守一方获得球权，防守一方就变成进攻一方，然后每一组的下一名球员组成防守球队。训练一定的时间或得到一定的分数后训练结束。

教学点

防守球员不可以从进攻球员那里断球。因为进攻球员不可以运球，这就鼓励他们空切和移动到空位。

禁区内运球紧随（10分钟）

所有球员在禁区内持球。听到教练指令后，球员们开始运球。在运球时，每一名球员都试图把其他球员的球拍出禁区。当一名球员的球被拍出禁区，他就退出比赛。比赛继续进行，直到禁区内只剩下一名球员在运球。

教学点

要求球员在进行这项训练时强手和弱手都要用。

2人命中10球比赛（10分钟）

将球员分成2人一组，每一组拿一个球。一名球员在球场上的指定位置（如右侧肘区）投篮，投篮后自己拿下篮板球，将球交给搭档，搭档在相同位置投篮。2名球员轮流投篮，当一名球员投篮命中10个后，训练结束。

教学点

- 不要将投篮最好的2名球员分在一组。
- 教练可以在训练中加入运球投篮、上篮等。

公告：_____

154

赛季中期训练计划 3

日期：＿＿＿＿＿　　时间：＿＿＿＿＿　　训练编号：＿＿＿＿＿

热身运动（10分钟）

热身应该包括跑步、转身、执行跳步和V形空切等活动。如果球员的技术水平够高，他们可以在热身的某些时候使用篮球。

教学点

- 在准备热身时，球员应该排好队，有组织地进行热身。每次训练前的热身都用相同的队形，这样能够加强球队的纪律性。
- 教练每天可以让一名不同的球员带领大家做热身运动，这能够帮助球员培养领导能力。

跟随领队运球训练（10分钟）

一名球员是领队，其他球员站在场上可以看见领队的位置。领队执行控球动作（弱手运球、绕腿运球等），其他球员模仿领队的控球动作。

教学点

领队在控球时可以加入不同的运球技术，如交叉步和双腿间运球。

双线传切上篮（10分钟）

球员在罚球线肘区排成2排。一排的第一名球员持球，将球传给对面那排的第一名球员，然后向内线空切，接对面球员的传球上篮，完成传切配合。然后，上篮球员走到传球那排球员的末端，传球球员拿下篮板球，走到上篮一排。

教学点

这个训练法也可以用于跳投训练。球员在传切后，可以用跳投而不是上篮。

传球和通过掩护上篮（10分钟）

将球员分成3排，三分线顶端和两个侧翼各一排。在罚球区顶端的球员持球，将球传给侧翼的一名球员。传球后，在罚球区顶端的球员为另一个侧翼的一名球员设置掩护，后者通过掩护，接到传球后上篮。循环交换各队的位置，在左侧翼的一队换到罚球区顶端，罚球区顶端的一队换到右侧翼，右侧翼的一队换到左侧翼。

教学点

用一把椅子当作是防守球员，球员可以对椅子设置掩护。教练也可以充当防守球员。最后，使用另一名球员充当被掩护挡住的防守球员。

3对3传球、空切和补位（10分钟）

将球员分成若干队，每队3人。一队是进攻球员，一队是防守球员，一队留在底线准备上场。进攻球队安排一名球员在罚球区顶端，2名球员在2个侧翼。训练开始后，罚球区顶端的球员将球传给一名侧翼球员，传球后再向篮下空切。另一名侧翼球员补到罚球区顶端的位置，空切球员补到空缺的侧翼。然后，球回到罚球区顶端，再传到另一个侧翼球员，罚球区顶端的球员再向篮下空切，重复这一套动作。教练规定球要传多少次后空切球员才可以投篮。

教学点

防守球员不可以抢断传球，这使进攻球员可以成功空切和传球。

罚球区顶端运球和投篮比赛（10分钟）

根据球员的人数将球员分成2队或更多队。每支球队的人数限制在3或4人。如果有足够多的篮筐，每支球队都应该有一个篮筐。球员站在罚球区（三分线）顶端，每队的第一名球员向篮筐运球，在禁区停住后投篮。球员自己拿下篮板球然后将球传给队中的下一名球员。每支球队都应该记住他们投篮的命中数。训练持续一定的时间，然后计算每一组投篮的命中数。

教学点

这个训练法也可以用于上篮或打板投篮训练。

大量篮板球转身（5分钟）

球员在球场上分散开来，确保他们的位置能够看见教练。听到教练指令后，球员用中枢脚转身，背对着教练，举起双手，进入抢篮板球姿势。然后，球员跳起，拿下想象中的篮板球。

教学点

让球员投几次想象中的篮板球，然后再把球抓住。

1对1抢中圈篮板球（10分钟）

球员站在中圈，2人一组。一名球员在圈内，面向圈外的搭档。球放在中圈的中间。听到教练指令后，内侧的球员转身挡住他的搭档，阻止他进入中圈抢球。2名球员都试图抢到球，内侧球员有优势。

教学点

- 球员应该降低重心，进入正确的篮球姿势。

- 内侧球员在转身时应该举起双手。

有教练的2对2训练（10分钟）

球员分成几组站在中场线。每组的前2名球员是防守球员，后2名球员是进攻球员。教练站在罚球线，负责传球。一名进攻球员将球传给教练。然后，2名进攻球员空切和移动到空位准备接教练的传球，教练一直待在罚球线。球员从进攻到防守再到进攻，循环换位。

教学点

进攻球员可以向篮下空切，然后接教练传球，或他们可以相互掩护。

3分钟命中20球团队投篮比赛（10分钟）

球员在2个底线站成3排。在底线第一排的一名球员持一个球，在另一端底线的第二组的一名球员也持一个球。第一排无球的球员径直向场内奔跑，接在底线持球球员的传球。谁接到球就投篮，然后自己拿下篮板球。然后，再和另外2名球员回到球场另一端的每排的末尾，同时传球一排跑向球场另一端，接传球后投篮。按照这种模式训练3分钟，目标是投篮命中20个。

教学点

当球传给投篮球员时，投篮球员应该注意调整脚步。

连续命中2个罚球（10分钟）

球员2人一组，站在罚球线。2名球员轮流投一个罚球，直到2人连续命中2个。

教学点

教练也可以让每名球员轮流投2个罚球，直到2名球员连续命中4个。

公告：_____

赛季后期训练

随着赛季的推进，这个年龄组的球员应将大部分的训练时间放在提高技术上。当然，也可以进行一些同时针对几种技术的团队训练。使每组球员的人数尽可能少，这样每名球员训练的次数就能更多。

赛季后期训练计划

日期: _____   时间: _____   训练编号: _____

热身运动（10分钟）

热身应该包括跑步、转身、执行跳步和∨形空切等活动。如果球员的技术水平够高，他们可以在热身的某些时候使用篮球。

教学点

- 在准备热身时，球员应该排好队，有组织地进行热身。每次训练前的热身都用相同的队形，这样能够加强球队的纪律性。
- 教练每天可以让一名不同的球员带领大家做热身运动，这能够帮助球员培养领导能力。

双线全场传球（10分钟）

球员在底线排成2排。每排的第一名球员开始向场内奔跑，同时相互传球。开始训练时先用空中传球（球不要接触地板）。随着训练的进行，教练可以要求球员在训练中用击地传球。

教学点

当球员相互传球时，他们也可以进行防守滑步。

全场运球上篮（10分钟）

将球队分成2组，在2个篮下的底线排成2排。每一组的前3名球员各持一个球。听到教练指令后，每排的第一名球员向球场另一端的篮筐运球，然后上篮。在每次上篮后，每一排第一个没有球的球员拿下篮板球，同时上完篮的球员走到队伍的最后一个位置。每当一名球员运球到达半场线时，队中的下一名球员运球跟上。

教学点

提醒球员运球时保持抬头。

1对0和1对1防守滑步（10分钟）

将球员在底线排成3排，每一排的第一名球员向另一端的底线进行防守滑步，每滑动3步转身一次。球员在掌握这个训练的窍门后，再将球员分成2人一组。一名球员从一端底线向另一端底线运球，用∨形空切和交叉步运球变向，另一名球员是防守球员。防守球员应该进行滑步，保持在运球球员的前面，当进攻球员变向时，防守球员应该落步转身。

- 进攻球员应该放慢速度，让防守球员可以训练自己的脚步。
- 防守球员应该与进攻球员保持一臂距离，眼睛始终看着进攻球员的腰部。

2对2半场训练（10分钟）

球员在半场线排成2排。每排的前2名球员是防守球员，后面的2名球员是进攻球员。教练把球传给一名进攻球员，进攻球员通过运球、传球和空切得分。当进攻一方得分或防守一方抢到篮板球后，训练中止。进攻一方换到防守一方，防守一方排到每排的末端。

教学点

可以在训练中加入不同的规则，例如允许运两下球。

3对3激烈对抗（10分钟）

将球队在底线排成3排，每排的第一名球员是进攻球员，第二名球员是防守球员。进攻球员在场上面向篮筐，防守球员进入防守姿势。教练将球传给一名进攻球员，训练开始。进攻球员需要遵守以下规则：必须面向篮筐进入三威胁姿势，在传球后必须移动，在接到传球直接得分后需要感谢传球的球员。如果进攻球员没有遵守其中任何一条规则，教练吹哨，进攻球员必须下场，走到队伍末尾。防守一方成为进攻一方，新上场的3名球员成为防守一方。训练持续一定的时间或一支球队获得一定的分数后，训练结束。投篮命中1次得1分。

教学点

球队上场和下场动作必须迅速。

跳步冻结紧随（5分钟）

让一名球员追逐其他球员。其他球员一旦被追逐球员触碰到，其他球员就必须跳步（冻结），进入正确的准备姿势。当球员做出正确的准备姿势时，教练可以触碰这名球员，给他"解冻"。

教学点

一两分钟后，教练可以选择一名新的追逐球员。

2人一组4定点投篮比赛（10分钟）

球员分成2人一组，每组持一个球。在这项训练中，球员从教练指定的点投篮。一名球员在第一个指定点（如右侧肘区）投篮，然后自己拿下篮板球，把球给搭档，后者在相同位置投篮。两名球员都必须在这个投篮点命中后才能移动到下一个投篮点。球员轮流投篮，直到在4个点都命中。

教学点

- 不要将2个投篮最好的球员分在一组。
- 为了使训练更有难度，教练可以要求球员在每个投篮点都命中5次（或规定其他次数），再移动到下一个投篮点。

2对1半场训练（10分钟）

将球队在中场分成2排。一名防守球员在禁区中间。2排的第一名球员试图通过运球和传球，面对防守球员得分。

教学点

进攻球员在试图得分前只能传一两次球。

命中10球比赛（10分钟）

将球员分成两三人一组。教练指定一个投篮点，球员在该点轮流投篮，直到每组都命中10次。每名球员投篮后自己拿下篮板球，把球交给队中的下一名球员。

教学点

- 向球员强调，他们在接到传球前，双手和双脚都应做好投篮的准备。
- 根据球员的能力，教练可以更改投篮命中数和投篮点。
- 教练也可以对这项训练稍做改变，规定球员必须使用打板投篮或运球后投篮。

公告:_____

第11章

7~8岁球员训练计划

7~8岁年龄组的球员比 5~6 岁年龄组的球员有更多的经验，但是训练课大部分是相同的。你会发现，这一年龄组的球员有着更强的能力。年龄的增长使球员长得更高，但协调性却下降了。训练课应该强调个人技术，如投篮、运球、抢篮板球和控球。随着赛季的推进，训练课可以开始加入更多的进攻和防守概念。可以将传切、为持球和无球队友掩护等战术，以及3对3比赛加入到训练中。这一年龄组的球员应该只打人盯人防守。防守滑步、转身和正确的姿势是这一年龄组球员需要学习的防守基础。随着赛季的推进，教练应该向球员介绍强侧和弱侧的概念，以及防守球和防守他们进攻球员的内容。

不要期望球员们能够快速理解进攻和防守概念。这可能是他们第一次接触和这些概念的相关术语和基本技术。对他们保持耐心，反复给他们讲解并演示新技术。另外，每项训练的时间不要太长，完成一项训练后快速移动到下一项训练。让球员们快乐地训练，但也要让他们刻苦训练！

指导女球员时的注意事项

安妮·伯恩，高中女子篮球队主教练

指导7~8岁的女孩时，应该继续教她们一些基础的篮球知识和技术。所有教练都知道，当训练任何年龄组的球员，特别是小球员时，基本功是必不可少的。如果7~8岁的球员在5~6岁时就开始学习篮球，他们对于要在训练课或技术训练营中学习的东西可能会更熟悉。如果他们是在这个年龄才刚开始学习篮球，那么你需要参考第10章，从头开始。不要试图加快学习的进程，跳过一些基本的步骤只会影响球员的提高。你必须始终如一，确保球员为今后的学习打下坚实的基础。

训练内容包括防守滑步（双腿不交叉）、BEEF（平衡、手肘、眼睛和跟进动作）投篮法则和控球技术。另外，介绍篮球比赛的规则对这些球员也是有帮助的。这些规则包括罚球时怎么站位，什么时候一名球员或教练可以叫暂停，查询计分表的程序，多少名球员可同时在场上，什么情况下球算出界，罚球时要站在罚球线后，进攻的位置有哪些，以及如何进行人盯人防守。这些信息足够球员们打一场比赛，让她们开始准确地理解一场比赛是如何进行的。

所有年龄组的女孩都应该建立自信，在球场上，有许多方法可以做帮她们建立自信。尽可能地多表扬她们，与她们击掌庆祝，当你看到她们在场上付出努力时，为她们鼓掌。如果球员们对她们在球场上的能力和潜力感到自信，她们就愿意花更多时间来学习和提高篮球技能。

7~8岁

赛季初期训练

赛季初期的训练课应该主要复习和提高之前学习的技术。在赛季初期引入新技术，然后每天复习。

赛季初期训练计划

日期:_____   时间:_____   训练编号:_____

热身运动（10分钟）

球员在底线排成4排。听到教练指令后，球员们跑向另一端的底线。在奔跑过程中，球员练习急停、转身、V形空切和跳步。

教学点

根据球员的能力水平调整热身运动中使用的技术。

四线跳步和V形空切（10分钟）

将球员分成4组，在底线站成4排，每排不超过4名球员。听到教练指令（哨声），每排的第一名球员开始向前跑，在罚球线（或罚球线延长线）处停住。在执行跳步时球员应该保持身体平衡。在教练发出第二个指令后，第一组的4名球员继续向前跑动，在中场线处停住，同时下一组的4名球员也向前跑到罚球线处停住，并保持身体平衡。教练再发出指令，第一组球员跑到对面的罚球线处停住，第二组球员跑到中场线，第三组球员跑到罚球线。根据教练指令，球员在场上继续来回训练。与所有组都来回练习一次跳步，并且回到底线后，再进行V形空切训练；球员在场上跑动然后按照V形模式变向。

教学点

- 在跳步时，检查球员的双脚是否与肩同宽，双手举过腰部，头部没有前倾，下巴向上。
- 在V形空切时，确保球员在将外侧脚设置为中枢脚后快速变向，空切线路不应该是圆形的。

跑快攻路线（10分钟）

球员在底线排成3排。用若干个标志桶摆成一条直线，从一条罚球线延伸到另一条罚球线，距离边线5~6英尺（1.5~1.8米）。听到教练指令后，前3名球员沿着3条不同的跑道向另一端的底线奔跑，在外侧跑道的2名球员在标志桶外侧奔跑，中间的那名球员在标志桶之间的跑道奔跑（罚球线跑道）。开始训练时不用球，但是根据球员的能力，也可以把球加到训练中。在加球训练的情况下，中间的那名球员运球推进，在一名外道球员到达进攻区域之前将球传给他。

教学点

应强调的是外道球员奔跑时必须张开身体，必须在标志桶外侧奔跑。在中间球员想象一个球运球推进时，外道球员建立一条快攻路线。

左右手原地运球（10分钟）

每名球员持一个球（如果没有足够多的球，可以将球员分成2组，一次训练一组）。球员先练习右手运球。听到教练指令后，球员开始换手，即用左手运球。在这个训练中，球员也可以练习每次运球后就换手。

教学点

强调球员在运球时需要保持头部抬起。

向搭档投篮（10分钟）

球员分成2人一组，面对面站立，每组球员持一个球。拿球的球员向搭档投篮，使用正确的姿势——手肘指向目标，投篮手在篮球下方，另一只手在篮球一侧。球员应该先将球举起，然后再投向他的搭档。

教学点

你也可以在开始训练时先不用球（球员想象一个球投向搭档），这样就能够强调投篮姿势，然后再使用球。

2人空中和击地传球（10分钟）

将球员分成2人一组，2名球员面对面站立，相距6~8英尺（1.8~2.4米）。听到教练指令后，拿球的球员给搭档传球，可使用空中传球（球不接触地板）和击地传球。传球时双手和双肘都应该发力，手肘应该靠近身体，传球后大拇指应该指向地面，手掌向外。

教学点

- 告诉球员，接击地传球的高度应该与传球的高度一样。
- 注意小球员倾向于把球举过头顶再传球，强调每个球都应该从腰部传出。

大量防守滑步（5分钟）

所有球员围绕教练形成分散的阵型，让所有球员都可以看见教练。所有球员听教练的指令，或跟随教练的动作，进入防守姿势，然后再向左或向右滑步，保持膝盖弯曲，双手举过腰部。

教学点

- 这是一个跟随领队一起训练的好时机。让一名球员站在球队的前面，带领其他球员一起进行防守滑步训练。
- 教练应该确保球员在滑步时双腿不交叉或并拢。球员应该先迈出一步，然后再带动另一侧的脚和腿。

防守跟随（10分钟）

把球员分成2人一组，2人站在球场上一条线（如罚球线或底线）的两边。一名球员被指定为进攻球员，该球员在线的一侧快速前后移动。另外一名球员是防守球员，当进攻球员移动时，防守球员必须滑动脚步试图跟上进攻球员。进攻球员前后移动的范围应该在6~8英尺（1.8~2.4米）内。

教学点

当防守球员跟随进攻球员移动时，告诉防守球员一直看着进攻球员的腰部。也要告诉防守球员在滑步时避免双腿交叉。

1对1无球紧随（10分钟）

将球员分成2人一组。一名进攻球员站在底线，面向场内。另一名球员是防守球员，站在罚球线，面向进攻球员。听到教练指令后，进攻球员试图到达另一端的底线，同时防守球员试图紧随或触碰进攻球员。

教学点

这是一种很好的练习速度和变向的训练方法。防守球员在紧随进攻球员时，必须使进攻球员始终位于他身前。

运球冻结紧随（10分钟）

每名球员拿一个球（如果没有足够多的球，球员可以分成2组，一组先训练，然后再训练另一组）。把一名球员指定为迈克尔·乔丹、勒布朗·詹姆斯或其他的球员们可能知道的球星。听到教练指令后，所有球员开始运球，指定的球员试图去触碰其他球员（所有球员都保持运球）。当一名球员被触碰到后就立即停止移动，在原地运球。在运球达到一定次数（教练决定具体的次数）后，该球员就可以"解冻"，继续移动运球。

教学点

把这场比赛的区域限制在半场，甚至罚球线到底线的区域，使指定球员更容易触碰到其他球员。

公告：_____

赛季中期训练

赛季中期训练包括少量的个人训练和更多的多球员训练。教练可以引入同时训练多项技术的训练方法，使球员可在比赛中更从容地使用技术。

赛季中期训练计划 1

日期：＿＿＿＿＿　　　时间：＿＿＿＿＿　　　训练编号：＿＿＿＿＿

热身运动（10分钟）

球员在底线排成4排，听到教练指令后，球员们跑向另一端的底线。在奔跑过程中，球员练习急停、转身、V形空切和跳步。

教学点

根据球员的能力水平调整热身运动中使用的技术。

运球–转身–传球（10分钟）

球员在边线排成若干排，每排不超过3人。第一名球员用右手向前运3步球后停住，然后执行后转身（也可以使用前转身），用胸前传球把球传给下一名球员。传球后球员走到队列的末端，下一名球员（接到传球的球员）向前运球，然后转身和传球。

教学点

- 向球员强调，他们在转身时应该膝盖弯曲，这样有利于传球。
- 根据球员的能力，在训练中可以使用击地传球和单手推传。

运球上篮（10分钟）

球员在罚球线肘区排成一排。每名球员持一个球，依次向篮筐运球，然后执行上篮。教练为每一名球员捡篮板球，再把球传给球员，然后，球员回到队中，等待下一次机会。

教学点

你也可以在开始训练时不要用球。先让球员想象一个球练习上篮，然后再使用球。

向搭档投篮（10分钟）

球员分成2人一组，面对面站立，每组球员持一个球。拿球的球员向搭档投篮，使用正确的投篮姿势——手肘指向目标，投篮手在篮球下方，另一只手在篮球一侧。球员应该先将球举起，然后再投向他的搭档。

教学点

你也可以在开始训练时先不用球（球员想象一个球投向搭档），这样就能够强调投篮姿势，然后再使用球。

双线胸前和击地传球（10分钟）

将球员分成2组，面对面站成2排，相距8~12英尺（2.4~3.7米）。一排的第一名球员持球，用胸前传球把球传给对面那排的第一名球员。传球的球员跟着他的传球，跑到对面那排的末端。训练继续进行，球员传球后跟着传球到对面那排。球员训练完胸前传球后，用相同的训练方法练习击地传球。

教学点

- 当进行胸前和击地传球时，球员的手肘应该靠近身体。
- 接球球员需要确保举起双手，拇指与手指呈W状，让传球球员看见传球的目标。

运球和投篮比赛（10分钟）

根据球员的人数将球员分成2队或2队以上。每支球队的人数应该限制在3或4人，如果有足够多的篮筐，每支球队都应该有一个自己的篮筐。你可以让球员在球场上的任意地点开始训练，如罚球线。每支球队的第一名球员向篮筐运球，然后投篮。球员自己拿下篮板球，将球传给队中的第二名球员。每支球队都应该记住他们投篮的命中数。训练持续一定的时间，然后计算每一组投篮的命中数。

教学点

这项投篮训练也可以用来练习上篮或打板投篮训练。

大量防守滑步（5分钟）

所有球员围绕教练形成分散的阵型，确保所有球员都能够看见教练。所有球员听教练指令，或跟随教练的动作，进入防守姿势，然后再向左或向右滑步，应保持膝盖弯曲，双手举过腰部。

教学点

- 这是一个跟着领队一起训练的好时机。让一名球员站在球队的前面，带领其他球员进行防守滑步训练。
- 教练应该确保球员在滑步时双脚不交叉或并拢。球员应该先迈出一步，然后再带动另一侧的腿和脚。

防守跟随（10分钟）

把球员分成2人一组，2人站在球场上一条线（如罚球线或底线）的两边。一名球员被指定为进攻球员，该球员在线的一侧快速前后移动。另一名球员是防守球员，当进攻球员移动时，防守球员必须滑动脚步试图跟上进攻球员。进攻球员前后移动的范围应该在6~8英尺（1.8~2.4米）内。

当防守球员跟随进攻球员移动时，告诉防守球员一直看着进攻球员的腰部。也要告诉防守球员在滑动时避免双腿交叉。

3对3半场训练（10分钟）

将球员分成3组，在底线排成3排。每排的第一名球员是进攻球员。这3名球员先上场，面向篮筐。每排的第二名球员是防守球员，他们防守进攻球员。其他球员留在底线。进攻球队通过空切和掩护得分。防守球员试图跟上自己防守的人。当进攻一方得分或防守一方获得球权，防守一方就变成进攻一方，然后每一组的下一名球员组成防守球队。训练一定的时间或得到一定的分数后训练结束。

教学点

- 如果一名球员运球太多，可以限制进攻球队的运球次数。
- 可以加入一些规则，要求球员使用一些具体的技术，如传球和向篮下空切，以及为队友掩护。

3对2半场训练（10分钟）

将球队在中场线分成3排。2名防守球员在禁区，其中一名球员在罚球线，另一名球员在禁区中央。教练将球扔给在半场中间那排的第一名球员，训练开始。另外2名进攻球员站在2个侧翼。中间球员向一名侧翼球员传球，然后留在传球的一侧，等待可能的回传球。3名进攻球员向2名防守球员发起进攻，试图得分。进攻球队在投篮前传球不可以超过3次。一次进攻结束后，2名侧翼球员换到防守一方，另外3名球员回到队伍的末端。

教学点

- 2名防守球员的位置应该一前一后，后方的防守球员防守对方给侧翼球员的一传，前方的防守球员后退到禁区中间。
- 中间的那名进攻球员必须滑步到传球一侧的禁区肘区，在这个位置他可以接到回传球后跳投。

5对0进攻（10分钟）

根据你要教的进攻阵型，安排球员的进攻站位。例如，如果教1-2-2阵型，需要安排一名控球后卫、2名侧翼球员和2名内线球员；如果教2-1-2阵型，需要安排2名后卫、一名高位球员和2名底线或内线球员。在这项训练中，教球员如何通过进攻战术（包括空切和掩护等）得分。

- 教球员拉开适当的空间，以及如何在传球和空切后补位。
- 强调球员每次接球后都应该面向篮筐。

连续命中2个罚球（10分钟）

球员2人一组，站在罚球线。2名球员轮流投一个罚球，直到2人连续命中2个。

教学点

- 教练也可以要求每名球员轮流投2个罚球，直到2人连续命中4个。
- 随着赛季的推进，教练可以要求连续命中罚球的数量从2个增加到3个，从3个增加到4个，甚至从4个增加到5个。

公告：＿＿＿＿＿＿＿＿＿＿＿＿＿＿＿＿＿＿＿＿＿＿＿＿＿＿＿＿＿＿＿＿

赛季中期训练计划2

日期：＿＿＿＿＿＿　　　时间：＿＿＿＿＿＿　　　训练编号：＿＿＿＿＿＿

热身运动（10分钟）

球员在底线排成4排。听到教练指令后，球员们跑向另一端的底线。在奔跑过程中，球员练习急停、转身、V形空切和跳步。

教学点

根据球员的能力水平调整热身运动中使用的技术。

运球－转身－传球（10分钟）

球员在边线排成若干排，每排不超过3人。第一名球员用右手向前运3步球后停住，然后执行后转身（也可以使用前转身），用胸前传球把球传给下一名球员。传球后球员走到队列的末端，下一名球员（接到传球的球员）向前运球，然后转身和传球。

教学点

- 向球员强调，他们在转身时应该膝盖弯曲，这样有利于传球。
- 根据球员的能力，在训练中可以使用击地传球和单手推传。

交叉步运球上篮（10分钟）

球员在球场中间的半场线排成一排。在三分线顶端放置一个标志桶。队伍中的第一名球员从中场线向标志桶运球，在标志桶前执行交叉步运球，然后再向篮筐运球上篮。球员应该用左手开始运球，交叉步换到右手运球，然后用右手完成上篮。

教学点

- 球员从侧翼或底线开始运球，用不同的方式上篮。
- 球员熟悉这项训练后，让球员用右手开始运球，交叉步换到左手运球，用左手完成上篮。

从罚球线运球投篮（10分钟）

球员在2个罚球线肘区排成2排。每排的第一名球员运一下球，然后停住投篮。球员自己拿下篮板球，把球传给队中的下一名球员，然后回到队伍的末端。训练按这种方式继续进行，直到命中一定数量的投篮，或训练一定的时间。

教学点

- 注意球员在训练时的脚步，必要时更正他们的错误。
- 强调球员在投篮前要弯曲膝盖。

双线胸前和击地传球（10分钟）

将球队分成2组，面对面站成2排，相距8~12英尺（2.4~3.7米）。一排的第一名球员持球，用胸前传球把球传给对面那排的第一名球员。传球的球员跟着他的传球，跑到对面那排的末端。训练继续进行，球员传球后跟着传球到对面那排。球员训练完胸前传球后，用相同的训练方法练习击地传球。

教学点

- 当进行胸前和击地传球时，球员的手肘应该靠近身体。
- 接球球员需要确保举起双手，拇指与手指呈W状，让传球球员看见传球的目标。

运球，三线传球全场训练（10分钟）

球员在底线组成3排，中间那排球员每人持一个球。听到教练指令后，中间的球员向另一端的底线运一下球，同时两侧的2名球员也向场内奔跑，中间球员向两侧的其中一名球员传球。侧翼球员接球后运一下球，然后传回给中间球员。中间球员再运一下球，然后将球传给另外一名侧翼球员。3名球员到达另一端底线后停止训练，下一组3名球员用相同的方式开始训练。

- 球员在到达底线后变换路线，让每名球员都有机会从中线开始训练。
- 当给在场上奔跑的球员传球时，强调球应该传到他们前面。

大量防守滑步（5分钟）

所有球员围绕教练形成分散的阵型，确保所有球员都可以看见教练。所有球员听教练指令，或跟随教练的动作，进入防守姿势，然后再向左或向右滑步，应保持膝盖弯曲，双手举过腰部。

教学点

- 这是一个跟随领队一起训练的好时机。让一名球员站在球队的前面，带领其他球员进行防守滑步训练。
- 教练应该确保球员在滑步时双脚不交叉或并拢。球员应该先迈出一步，然后再带动另一侧的脚和腿。

防守跟随（10分钟）

把球员分成2人一组，2人站在球场上一条线（如罚球线或底线）的两边。一名球员被指定为进攻球员，该球员在线的一侧快速前后移动。另外一名球员是防守球员，当进攻球员移动时，防守球员必须滑动脚步试图跟上进攻球员。进攻球员前后移动的范围应该在6~8英尺（1.8~2.4米）内。

教学点

当防守球员跟随进攻球员移动时，告诉防守球员一直看着进攻球员的腰部。也要告诉防守球员在滑步时避免双腿交叉。

3对3传球、空切和补位（10分钟）

将球员分成若干队，每队3人。一队是进攻球员，一队是防守球员，一队留在底线准备上场。进攻球队安排一名球员在罚球区顶端，2名球员在2个侧翼。训练开始后，罚球区顶端的球员将球传给一名侧翼球员，传球后再向篮下空切。另外一名侧翼球员补到罚球区顶端的位置，空切球员补到空缺的侧翼。然后，球再回到罚球区顶端，再传给另一个侧翼球员，罚球区顶端的球员再向篮下空切，重复这个过程。教练规定球要传多少次后空切球员才可以投篮。

教学点

- 要求进攻球员注意拉开适当的空间和填补空位。
- 限制防守球员只可以干扰一次传球，不允许他们抢断对手的运球。

3对2和2对1全场训练（10分钟）

球员在球场一端排成3排。2名球员站在球场另一端，进入防守姿势，其中一名球员在罚球线，另一名球员在禁区中央。3名球员试图面对2名防守球员得分（3对2）；中间球员向场内运球，然后将球传给一名侧翼球员。在进攻一方投篮后，2名防守球员成为进攻球员，移动到球场另一端，刚才中间的进攻球员成为防守球员（2对1）。2名侧翼球员成为防守球员留在禁区，等待下一组3名进攻球员的进攻。

教学点

- 3名进攻球员在面对2名防守球员进攻时，他们在投篮前传球不可以超过3次。
- 2名进攻球员面对一名防守球员时，他们在投篮前传球不可以超过2次。

运球3对3训练（10分钟）

将球员分成3组，在底线站成3排。每排的第一名球员是进攻球员。这3名球员先上场，面向篮筐。每排的第二名球员是防守球员，他们防守进攻球员。其他球员留在底线。进攻球队通过空切和掩护得分。进攻球员每次触球后只能运一下球。防守球员试图跟上自己防守的人。当进攻一方得分或防守一方获得球权，防守一方就变成进攻一方，然后每一组的下一名球员组成防守球队。训练一定的时间或得到一定的分数后训练结束。

教学点

- 球员应该学习在传球后空切，然后寻求接到回传球后投篮。
- 进攻空间很重要。

连续命中2个罚球（10分钟）

球员2人一组，站在罚球线。2名球员轮流投一个罚球，直到2人连续命中2个。

教学点

- 教练也可以要求每名球员轮流投2个罚球，直到2人连续命中4个。
- 随着赛季的推进，教练可以要求连续命中罚球的数量从2个增加到3个，从3个增加到4个，甚至从4个增加到5个。

公告：_____

赛季中期训练计划3

日期：_____   时间：_____   训练编号：_____

热身运动（10分钟）

球员在底线排成4排。听到教练指令后，球员们跑向另一端的底线。在奔跑过程中，球员练习急停、转身、V形空切和跳步。

教学点

根据球员的能力水平调整热身运动中使用的技术。

双线全场空中传球（10分钟）

球员在底线排成2排。每排的第一名球员向场内奔跑，2名球员在奔跑过程中相互空中传球（球不接触地板）。

教学点

当球员相互传球时，他们也可以进行防守滑步。

双线快攻上篮（10分钟）

将球队分成2排，一排在禁区面向对面的篮筐，另外一排在侧翼（这一排的球员做好接球准备）。禁区那排的第一名球员持球，训练开始后将球传给侧翼的球员。侧翼球员将球运到对面的罚球线后停住，不要走步。传球的球员跑到禁区外的另一侧，接侧翼球员的回传球。接到回传球后该球员运球上篮。这2名球员留在球场这端，交换位置，同时接下来的2名球员开始训练。所有的球员都完成一次上篮后，他们交换位置，然后回到原来的篮筐完成训练。

教学点

- 确保传球球员在奔跑时分散开来，为了强调这一点，教练可以在球场上放置若干个标志桶，规定球员只能在标志桶外侧跑。
- 这个训练方法也可以用来训练打板投篮、强力投篮或中间球员接回传球在罚球线投篮。

7 定点投篮，每个投篮点命中2球（10分钟）

在球场上选7个点，用胶带标记。将球员分成2人一组，每组持一个球。第一名球员在第一个点投篮，自己拿下篮板球，然后将球传给搭档，后者在相同点投篮。在该点投篮总共命中2球后，这组球员移动到下一个投篮点。球员必须在每个投篮点都命中2球后这项训练才结束。

教学点

- 强调投篮球员在接传球时必须做好准备，双脚和双手处于正确的位置。
- 这项训练可以稍做改变，球员在移动到下一个投篮点前的投篮次数可以任意设定，或要求他们连续投篮命中若干个后再移动到下一个投篮点。

双线传切上篮（10分钟）

将球员在罚球线肘区排成2排。一排的第一名球员持球，把球传给对面那排的第一名球员，然后向内线空切，接对面球员的传球上篮，完成传切配合。然后，上篮球员走到传球那排球员的末端，传球球员拿下篮板球，走到上篮那一排。

教学点

这个训练法也可以用于跳投训练。球员在传切后，可以急停跳投而不是上篮。

3对3传球、空切和补位（10分钟）

将球员分成若干队，每队3人。一队是进攻球员，一队是防守球员，一队留在底线准备上场。进攻球队安排一名球员在罚球区顶端，2名球员在2个侧翼。训练开始后，罚球区顶端的球员将球传给一名侧翼球员，传球后再向篮下空切。另外一名侧翼球员补到罚球区顶端的位置，空切球员补到空缺的侧翼。然后，球再回到罚球区顶端，再传给另一个侧翼球员，罚球区顶端的球员再向篮下空切，重复这个过程。教练规定球要传多少次后空切球员才可以投篮。

教学点

- 要求进攻球员注意拉开适当的空间和填补空位。
- 限制防守球员只可以干扰一次传球，不允许他们抢断对手的运球。

2对2防守球（5分钟）

球员在禁区外两侧的三分线外排成2排。一名防守球员在2对2的情况下防守一名进攻球员。进攻球员来回传球，可以移动到场上的任何位置。进攻球员每次传球后，防守球员必须调整防守位置，以便能够及时提供协防。在训练一定的时间后，下一组2名球员上场，成为进攻球员，之前的2名进攻球员成为防守球员，之前的2名防守球员走到各自队伍的末端。

教学点

当球在空中飞行时防守球员必须移动，这样进攻球员接住球时防守球员就能处于适当的防守位置。教练可能需要喊出"传球"，这样防守球员可相应地调整他们的防守位置。

3对3防守站位（10分钟）

进攻球队的一名球员在罚球区顶端，2名球员在两个侧翼。在3对3的情形下，一名防守球员防守一名进攻球员。其他球队在半场分成3排。球从罚球区顶端传给一名侧翼，然后传回到罚球区顶端，再传给另外一名侧翼球员，这样来回传球。在进攻球员每次传球时，防守球员移动，这样他们就能处于正确的防守位置，进行主防或协防球。在训练一定的时间后，下一组3名球员上场成为进攻球员，之前的进攻球员成为防守球员，之前的防守球员走到每排的末端。

教学点

当球在空中时防守球员就必须移动，这样进攻球员接住球时防守球员就能处于适当的防守位置。教练可能需要喊出"传球"，这样防守球员可相应地调整他们的防守位置。

3对3防守传球和空切（10分钟）

这项训练是之前3对3训练的延续。3名进攻球员站在罚球区顶端和2个侧翼，一名防守球员防守一名进攻球员。其他球队站在中场，分成3排。在罚球区顶端的球员每次向侧翼传球后，立即向篮下空切。另一名进攻侧翼球员补到罚球区顶端的位置，然后空切球员跑到另外一边侧翼的位置。在整个过程中，防守球员根据每次进攻球员的传球调整防守位置，并防守进攻球员空切篮下。在训练一定的时间后，下一组3名球员上场成为进攻球队，之前的进攻球员成为防守球员，之前的防守球员走到每排的末端。

教学点

- 防守空切的球员必须处于球和空切球员之间，防止空切球员在接球后直接投篮。
- 当球在空中时防守球员就必须移动，这样当进攻球员接住球时防守球员就能处于适当的防守位置。教练可能需要喊出"传球"，这样防守球员可相应地调整他们的防守位置。

4对4防守跑位（10分钟）

4名球员进攻，4名球员防守。进攻球队包括2名在禁区三分线外的后卫和2名侧翼球员。一名防守球员防守一名进攻球员，其他球员站在中场，排成4排。训练开始后，一名后卫给一名侧翼球员传球。根据教练的观察，进攻球员每次传球时，防守球员必须调整防守位置，使他们处于正确的协防或主防球的位置。听到教练指令后，进攻一方继续将球从一边侧翼传到另一边侧翼，防守球员根据每次传球调整防守位置。在训练一定的时间后，下一组4名球员上场成为进攻球队，之前的进攻球员成为防守球员，之前的防守球员走到每排的末端。

教学点

- 当球处于球场的另一侧时，防守球员应处于协防位置。他们应该将一只手指向球，另一只手指向他们负责防守的进攻球员，这样他们就不会忽视任何一方。
- 当球在空中时防守球员就必须移动，这样当进攻球员接住球时防守球员就能处于适当的防守位置。教练可能需要喊出"传球"，这样防守球员可相应地调整他们的防守位置。

运球3对3训练（10分钟）

将球员分成3组，在底线站成3排。每排的第一名球员是进攻球员。这3名球员先上场，面向篮筐。每排的第二名是防守球员，他们防守进攻球员。其他球员留在底线。进攻球队通过空切和掩护得分。进攻球员每次触球后只能运一下球。防守球员试图跟上自己防守的人。当进攻一方得分或防守一方获得球权，防守一方就变成进攻一方，然后每一组的下一名球员组成防守球队。训练一定的时间或得到一定的分数后训练结束。

教学点

- 球员应该学习传球后空切，然后寻求接回传球后投篮。
- 拉开进攻空间很重要。

连续命中2个罚球（10分钟）

球员2人一组，站在罚球线。2名球员轮流投一个罚球，直到2人连续命中2个。

教学点

- 教练也可以要求每名球员轮流投2个罚球，直到2人连续命中4个。
- 随着赛季的推进，教练可以要求连续命中罚球的数量从2个增加到3个，从3个增加到4个，甚至从4个增加到5个。

公告：_____

赛季后期训练

这个年龄组的赛季后期训练包括复习技术和检测球队能力水平。相比赛季早期和中期的训练课来说,这一阶段的训练课包含更多的团队训练,如3对3训练和4对4训练。赛季后期的训练课也包含更多的比赛情况下的5-球员训练。

赛季后期训练计划

日期:_____   时间:_____   训练编号:_____

热身运动(10分钟)

球员在底线排成4排。听到教练指令后,球员们跑向另一端的底线。在奔跑过程中,球员练习急停、转身、V形空切和跳步。

教学点

根据球员的能力水平调整热身运动中使用的技术。

双线全场传球(10分钟)

球员在底线排成2排。每排的第一名球员向场内奔跑,同时相互传球。开始训练时先用空中传球(球不要接触地板),随着训练的进行,教练可以要求球员在训练中用击地传球。

教学点

当球员相互传球时,他们也可以进行防守滑步。

每分钟15次全场右手上篮(10分钟)

将球队分成2组,在2个篮下(在底线右侧)排成2排。每排的前3名球员各持一个球。听到教练指令后,每排的第一名球员向球场另一端运球,用右手完成上篮。每次上篮后,队伍中第一名无球的球员拿下篮板球,上篮的球员走到队伍的末端。每当一名球员运球到达中场的时候,第二名球员跟上。要求球员记下他们的上篮次数,目标是每分钟上篮15次。

教学点

- 这是一项快速运球训练,所以球员应该在他们身前运球;鼓励球员在运球时抬起头,这样他们就能看见场上的形势。
- 根据球员的技术水平,你可能需要调整每分钟上篮15次的目标。

1对0和1对1防守滑步（10分钟）

将球员在底线分成3排，每排的第一名球员向另一端的底线进行防守滑步，每滑动3步转身一次。球员在掌握这个训练的窍门后，再将球员分成2人一组。一名球员从一端底线向另一端底线运球，用V形运球和交叉步运球变向，另外一名球员是防守球员。防守球员应该进行滑步，保持在运球球员的前面，当进攻球员变向时，防守球员应该落步转身。

教学点

- 进攻球员应该放慢速度，让防守球员可以训练自己的脚步。
- 防守球员与进攻球员保持一臂距离，眼睛看着运球球员的腰部。

2对2半场训练（10分钟）

球员在半场排成2排。每排的前2名球员是防守球员，后面的2名球员是进攻球员。教练把球传给一名进攻球员，进攻球员通过运球、传球和空切得分。当进攻一方得分或防守一方抢到篮板球后，训练中止。进攻一方得分换到防守一方，防守一方排到每排的末端。

教学点

可以在训练中可以加入不同的规则，例如允许运两下球。

3对3激烈对抗（10分钟）

将球员在底线排成3排，每排的第一名球员是进攻球员，第二名球员是防守球员。进攻球员在场上面向篮筐，防守球员进入防守姿势。教练将球传给一名进攻球员，训练开始。进攻球员需要遵守以下规则：必须面向篮筐进入三威胁姿势，在传球后必须移动，在接到传球直接得分后需要感谢传球的球员。如果进攻球员没能遵守其中任何一条规则，教练吹哨，进攻球员必须下场，走到队伍末尾。防守一方成为进攻一方，新上场的3名球员成为防守一方。训练持续一定的时间或一支球队获得一定的分数后，训练结束。投篮命中1次得1分。

教学点

球队上场和下场动作必须迅速。

连续命中2个罚球（5分钟）

球员2人一组，站在罚球线。2名球员轮流投一个罚球，直到2人连续命中2个。

- 教练也可以要求每名球员轮流投2个罚球，直到2人连续命中4个。
- 随着赛季的推进，教练可以要求连续命中罚球的数量从2个增加到3个，从3个增加到4个，甚至从4个增加到5个。

2人4定点投篮比赛（10分钟）

球员分成2人一组，每一组持一个球。在这项训练中，球员从教练指定的4个点投篮。一名球员在第一个指定投篮点（如右侧肘区）投篮，然后自己拿下篮板球，把球交给搭档，后者在相同位置投篮。2名球员都必须在这个投篮点投篮命中后才能移动到下一个投篮点。2名球员轮流投篮，直到每名球员在4个点都投篮命中。

教学点

- 不要将投篮最好的2名球员分在一组。
- 为了使训练更有难度，教练可以要求球员在每个投篮点命中5次（或规定其他次数）后，再移动到下一个投篮点。

复习界外球战术（10分钟）

将球队分成5人一组，一组球员先上场训练。让每组球员在没有防守的情况下演示一遍界外球战术。

教学点

- 开始时先训练对于每名球员来说都简单的战术，这时你只能训练一个战术，但可以提供许多选择。
- 大多数界外球战术都是从盒子型的阵型开始，即4名球员在禁区的4个角。

2对1半场训练（10分钟）

将球队在半场分成2排，一名防守球员在禁区中央。2排的第一名球员试图通过运球和传球，面对防守球员得分。

教学点

进攻球员在试图得分前只能传一两次球。

5对0进攻（10分钟）

根据你要教的进攻阵型，安排球员的进攻站位。例如，如果教1-2-2阵型，需要安排一名控球后卫、2名侧翼球员和2名内线球员。如果教2-1-2阵型，需要安排2名后卫、一名高位球员和2名底线或内线球员。在这项训练中，教球员如何通过进攻战术（包括空切和掩护等）得分。

教学点

- 教球员拉开适当的空间，以及如何在传球和空切后补位。
- 强调球员每次接球后都应该面向篮筐。

命中10球比赛（10分钟）

将球队分成若干小组，每组不超过3人。教练指定一个投篮点，球员在该点轮流投篮，直到每组都命中10次。每名球员投篮后自己拿下篮板球，然后传给队中的下一名球员。

教学点

- 向球员强调，他们在接传球前，双手和双脚都应做好投篮的准备。
- 根据球员的能力，教练可以更改投篮命中数和投篮点。
- 教练也可以规定球员必须打板投篮或运球后投篮。

公告:_____

第12章

9~10岁球员训练计划

为9~10岁年龄组的球员制定训练计划会花费教练一些时间。球员中有些可能有1~4年的经验，但有些可能第一次参与由教练组织的训练。教练可能需要做一些规划，使训练项目适合这一年龄组的所有球员。

这一年龄组的球员可能开始在场上有具体的位置，如控球后卫、侧翼或内线。但教练不应该把这一年龄组的球员锁定在一个位置。在训练课中，每名球员都应训练所有位置使用的技术。综合技术提高训练能够帮助球员特别是小球员提高任何位置的技术。这一点非常重要，因为对于这一年龄组来说，高大的球员在高中校队可能会打后卫，而现在身材较小的球员将来也可能打内线或前锋。

训练课应该包括个人技术的提高，以及团队训练，在一项团队训练中应强调几项技术。个人训练和团队训练应构成一个良好的组合。这一年龄组的球员可能需要做好在赛季中期和后期的训练课中进行训练比赛的准备。这些训练比赛的人数可以从2对2到5对5。训练比赛应该得到控制，例如，训练开始时进攻球队试图得分，防守球员阻止进攻球员得分，然后两队交换位置。在这种情形下，每队持球3次后交换位置。这可以使教练在3次持球后讲解教学点。

当女孩到9~10岁时，她们对某项运动（如篮球）的兴趣会增长或消退。你应该尽你所能激励和鼓舞你的球员。有效的激励能够帮助球员们提高技术，加快她们的学习。你的激励能够促使一名优秀的球员超越自己，或使一名新入门的球员相信自己能够成功。这时你的3个重点应该是消除疑虑、激励和教学。

同样，教学应该从基本功开始。为了使这一年龄段的女球员有效参与到篮球这项运动中，你应该使球员们能够享受比赛。从每个人都喜欢的投篮开始训练是一个不错的计划。确保教球员正确的投篮姿势，以及适当的跟随动作。你可以使用传统的BEEF（平衡、手肘、眼睛和跟随动作）教学法。你应该鼓励球员用强手投篮，并帮助他们调整投篮姿势。另外一个想法是练习控球，然后再训练变速和变向。变速和变向是突破防守球员的最重要的技术。最后你可以使用有趣但又有竞争性的运球跟随比赛。

其他需要强调的点包括脚步和控球、防守概念和基本的比赛规则。在她们再长大一些或更适应比赛之前，她们可能无法真正理解比赛规则，但这时似乎已很接近了。

9~10岁

赛季初期训练

赛季初期的训练应该是有组织、有计划的，将来的训练课都是建立在赛季初期训练的基础上。技术的提高是赛季初期训练课的重中之重。在赛季初期的训练中，应帮助球员提高他们的领导力。

赛季初期训练计划

日期：_____   时间：_____   训练编号：_____

热身运动（10分钟）

球员在底线排成4排。听到教练指令后，球员们跑向另一端的底线。在奔跑过程中，球员练习急停、转身、V形空切和跳步。

教学点

根据球员的能力水平调整热身运动中使用的技术。

2人一组双手胸前传球（10分钟）

球员分成2人一组，2名球员相距6~8英尺（1.8~2.4米）。听到教练指令后，持球的球员用双手胸前传球把球传给队友。在传球时手掌和手臂都发力；手肘应该靠近身体，在球传出后大拇指朝下，手掌朝外。然后，搭档再把球传回来，这样来回传球。

教学点

强调每次传球都应该从腰部位置传出。

双线胸前和击地传球（10分钟）

将球员分成2组，面对面站成2排，相距8~12英尺（2.4~3.7米）。一排的第一名球员持球，用胸前传球把球传给对面那排的第一名球员。传球的球员跟着他的传球，跑到对面那排的末端。训练继续进行，球员传球后跟着传球到对面那排。球员训练完胸前传球后，用相同的训练方法练习击地传球。

教学点

- 确保球员在移动中传球和接球时不要走步。
- 接球球员必须举起双手，进入准备姿势，准备接球。

左右手原地运球（10分钟）

每名球员持一个球（如果没有足够多的球，可以将球员分成2组，一次训练一组）。球员先练习右手运球，听到教练指令后，球员开始换手，即用左手运球。在这个训练中，球员也可以练习每次运球后就换手。

教学点

强调球员在运球时需要保持头部抬起。

向搭档投篮（10分钟）

球员分成2人一组，面对面站立，每组球员持一个球。拿球的球员向搭档投篮，使用正确的投篮姿势——手肘指向目标，投篮手在篮球下方，另一只手在篮球一侧。球员应该先将球举起，然后再投向他的搭档。

教学点

你也可以在开始训练时先不用球（球员想象一个球投向搭档），这样就能够强调投篮姿势，然后再使用球。

三线传球全场训练（10分钟）

　　球员在底线排成3排，中间那排每个球员持一个球。听到教练指令后，每排的第一名球员向另一端底线奔跑，在奔跑时中间的球员向一名侧翼的球员传球。侧翼球员接球后把球传回给中间球员，后者再把球传给另外一名侧翼球员，这样来回传球。侧翼的球员在整个过程中都应该始终保持边路。3名球员到达另一端底线后停止训练，另一组的3名球员用相同的方式开始训练。

教学点

- 在场内向前奔跑时，球员传球时球应该穿过他们的身体。
- 当球员在奔跑时，他们应该举起双手要球。

大量防守滑步（5分钟）

　　所有球员围绕教练形成分散的阵型，让所有球员都能够看见教练。所有球员听教练指令，或跟随教练的动作，进入防守姿势，然后再向左或向右滑步，应保持膝盖弯曲，双手举过腰部。

教学点

- 这是一个跟随领队一起训练的好时机。让一名球员站在球队的前面，带领其他球员一起进行防守滑步训练。
- 教练应该确保球员在滑步时双腿不交叉或并拢。球员应该先迈出一步，然后再带动另一侧的脚和腿。

防守跟随（10分钟）

　　把球员分成2人一组，2人站在球场上一条线（如罚球线或底线）的两边。一名球员被指定为进攻球员，该球员在线的一侧快速前后移动。另一名球员是防守球员，当进攻球员移动时，防守球员必须滑动脚步试图跟上进攻球员。进攻球员前后移动的范围应该在6~8英尺（1.8~2.4米）内。

教学点

　　当防守球员跟随进攻球员移动时，告诉防守球员一直看着进攻球员的腰部。也要告诉防守球员在滑步时避免双腿交叉。

7定点投篮，每个投篮点命中2球（10分钟）

　　在球场上选7个点，用胶带标记。将球员分成2人一组，每组持一个球。第一名球员在第一个点投篮，自己拿下篮板球，然后将球传给搭档，后者在相同点投篮。在该点投篮总共命中2球后，该组球员移动到下一个投篮点。球员必须在每个投篮点命中2球后这项训练才结束。

教学点

- 强调球员在接传球时必须做好投篮的准备，双手和双脚处于正确的位置。
- 这项训练可以稍做改变，球员在移动到下一个投篮点前的投篮次数可以任意设定，或者要求他们投篮连续命中若干个后再移动到下一个投篮点。

运球冻结紧随（10分钟）

每名球员拿一个球（如果没有足够多的球，球员可以分成2组，一组先训练，然后再训练另一组）。把一名球员指定为迈克尔·乔丹、勒布朗·詹姆斯或其他的球员们可能知道的球星。听到教练指令后，所有球员开始运球，指定的球员试图去触碰其他球员（所有球员都保持运球）。当一名球员被触碰到后就立即停止移动，在原地运球。在运球达到一定次数（教练决定具体的次数）后，该球员就可以"解冻"，继续移动运球。

教学点

把这场比赛的区域限制在半场，甚至罚球线到底线的区域，使指定球员更容易触碰到其他球员。

运球和投篮比赛（10分钟）

根据球员的人数将球员分成2队或2队以上。每队的人数应该限制在3或4人，如果有足够多的篮筐，每支球队都应该有一个自己的篮筐。你可以让球员在球场上的任意地点开始训练，如罚球线。每支球队的第一名球员向篮筐运球，然后投篮。球员自己拿下篮板球，将球传给队中的下一名球员。每支球队都应该记住他们投篮的命中数。训练持续一定的时间，然后计算每一组投篮的命中数。

教学点

- 这项投篮训练也可以用来练习上篮或打板投篮训练。
- 教练可能需要限制球员在每次投篮前只运两三下球。

公告：_____

赛季中期训练

对于这一年龄组，赛季中期的训练将会包含个人技术提高和团队训练，以及一些竞争性的训练。球员现在应该准备好学习如何竞争，如何去赢得比赛或输掉比赛。然而，教练应该明白，球员的身体已经更加成熟，在分组的时候应该考虑这一点。

赛季中期训练计划1

日期：_____ 时间：_____ 训练编号：_____

热身运动（10分钟）

球员在底线排成4排。听到教练指令后，球员们跑向另一端的底线。在奔跑过程中，球员练习急停、转身、V形空切和跳步。

教学点

根据球员的能力水平调整热身运动中使用的技术。

运球-转身-传球（10分钟）

球员在边线排成若干排，每排不超过3人。第一名球员用右手向前运三下球后停住，然后执行后转身（也可以使用前转身），用胸前传球把球传给下一名球员。传球后球员走到队列的末端，下一名球员（接到传球的球员）向前运球，然后转身和传球。

教学点

- 向球员强调，他们在转身时应该弯曲膝盖，这样有利于传球。
- 根据球员的能力，在训练中可以使用击地传球和单手推传。

每分钟20次全场右手上篮（10分钟）

将球队分成2组，在2个篮下（在底线右侧）排成2排。每排的前3名球员各持一个球。听到教练指令后，每排的第一名球员向球场另一端运球，用右手完成上篮。每次上篮后，队伍中第一名无球的球员拿下篮板球，上篮的球员走到队伍的末端。每当一名球员运球到达中场的时候，第二名球员跟上。要求球员记下他们的上篮次数，目标是每分钟上篮20次。

教学点

- 这是一项快速运球训练，所以球员应该在他们身前运球；鼓励球员在运球时抬起头，这样他们就能看见场上的形势。

- 根据球员的技术水平，你可能需要调整每分钟上篮20次的目标。

向搭档投篮（10分钟）

球员分成2人一组，面对面站立。每组球员持一个球。拿球的球员向搭档投篮，使用正确的投篮姿势——手肘指向目标，投篮手在篮球下方，另一只手在篮球一侧。球员应该先将球举起，然后再投向他的搭档。

教学点

你可以要求球员用单手投篮，确保手肘在篮球下方合适的位置。

双线胸前和击地传球（10分钟）

将球员分成2组，面对面站成2排，相距8~12英尺（2.4~3.7米）。一排的第一名球员持球，用胸前传球把球传给对面那排的第一名球员。传球的人球员跟着他的传球，跑到对面那排的末端。训练继续进行，球员传球后跟着传球到对面那排。球员训练完胸前传球后，用相同的训练方法练习击地传球。

教学点

- 当进行胸前和击地传球时，球员的手肘应该靠近身体。
- 接球球员需要确保举起双手，拇指与手指呈W状，让传球球员看见传球的目标。

运球和投篮比赛（10分钟）

根据球员的人数将球员分成2队或2队以上。每队的人数应该限制在3或4人，如果有足够多的篮筐，每支球队都应该有一个自己的篮筐。你可以让球员在球场上的任意地点开始训练，如罚球线。每支球队的第一名球员向篮筐运球，然后投篮。球员自己拿下篮板球，将球传给队中的下一名球员。每支球队都应该记住他们投篮的命中数。训练持续一定的时间，然后计算每一组投篮的命中数。

教学点

- 球员应该用外侧手运球。
- 教练可以限制球员在每次投篮前只运两三下球。

大量防守滑步（5分钟）

所有球员围绕教练形成分散的阵型，让所有球员都可以看见教练。所有球员听教练指令，或跟随教练的动作，进入防守姿势，然后再向左或向右滑步，保持膝盖弯曲，双手举过腰部。

教学点

- 这是一个跟随领队一起训练的好时机。让一名球员站在球队的前面，带领其他球员一起进行防守滑步训练。
- 教练应该确保球员在滑步时双腿不交叉或并拢。球员应该先迈出一步，然后再带动另一侧的脚和腿。

2对2协防（10分钟）

球员在三分线外的2个侧翼排成2排。在2对2的情况下，一名防守球员防守一名进攻球员。训练开始后，一名侧翼球员向在对面侧翼的队友传球。当球从一边侧翼传到另一边侧翼时，第一名侧翼球员的防守球员从防守持球的第一名侧翼球员移动到协防一侧的篮筐线（想象一条连接2个篮筐的线），其队友成为防守球员。在训练一定的时间后，后面的2名球员上场，充当进攻球员，进攻球员换到防守一方，防守球员下场，走到两队的末尾。

教学点

- 第一名防守球员必须快速冲刺到篮筐线，进入正确的防守位置，从而能看见球和他防守的球员。
- 当进攻球员接球时，第二名防守球员快速向他移动，防守球员应该高举双手，补防进攻球员投篮。

3对3半场训练（10分钟）

将球员分成3组，在底线排成3排，每排的第一名球员是进攻球员。这3名球员先上场，面向篮筐。每排的第二名球员是防守球员，他们防守进攻球员。其他球员留在底线。进攻球队通过运球、传球、空切和掩护得分。防守球队试图跟上自己防守的人。当进攻一方得分或防守一方获得球权，防守一方就变成进攻一方，然后每一组的下一名球员组成防守球队。训练一定的时间或得到一定的分数后训练结束。

教学点

根据球员们的能力，你可以对他们加一些限制，例如防守时不可以抢断进攻球员的运球、进攻球员只能运一下球，或进攻球员必须传3次球后才可以投篮。

3对2半场训练（10分钟）

将球队在中场线分成3排。2名防守球员在禁区，其中一名球员在罚球线，另一名球员在禁区中央。教练将球扔给在半场中间那排的第一名球员，训练开始。另外2名进攻球员站在2个侧翼。中间球员向一个侧翼球员传球，然后留在传球的一侧，等待可能的回传球。3名进攻球员向2名防守球员发起进攻，试图得分。进攻球队在投篮前传球不可以超过2次（进攻球员传球次数不超过防守球员的人数）。一次进攻结束后，2名侧翼球员换到防守一方，另外3名球员回到队伍的末端。

教学点

- 2名防守球员的位置应该一前一后，后方的防守球员防守对方给侧翼球员的一传，前方的防守球员后退到禁区中间。
- 中间的那名进攻球员必须滑步到传球一侧的禁区肘区，在这个位置他可以接到回传球后跳投。

5对0进攻（10分钟）

根据你要教的进攻阵型，安排球员的进攻站位。例如，如果教1-2-2阵型，需要安排一名控球后卫、2名侧翼球员和2名内线球员；如果教2-1-2阵型，需要安排2名后卫、一名高位球员和2名底线或内线球员。在这项训练中，教球员如何通过进攻战术（包括空切和掩护等）得分。

教学点

- 教球员拉开适当的空间，以及如何在传球和空切后补位。
- 强调球员每次接球后都应该面向篮筐。

连续命中2个罚球（10分钟）

球员2人一组，站在罚球线。2名球员轮流投一个罚球，直到2人连续命中2个。

教学点

根据你的球员的能力水平，调整连续命中罚球的次数。

公告：_____

赛季中期训练计划2

日期：_____   时间：_____   训练编号：_____

热身运动（10分钟）

球员在底线排成4排。听到教练指令后，球员们跑向另一端的底线。在奔跑过程中，球员练习急停、转身、V形空切和跳步。

教学点

根据球员的能力水平调整热身运动中使用的技术。

运球－转身－传球（10分钟）

球员在边线排成若干排，每排不超过3人。第一名球员用右手向前运三下球后停住，然后执行后转身（也可以使用前转身），用胸前传球把球传给下一名球员。传球后球员走到队列的末端，下一名球员（接到传球的球员）向前运球，然后转身和传球。

教学点

- 向球员强调，他们在转身时应该弯曲膝盖，这样有利于传球。
- 根据球员的能力，在训练中可以使用击地传球和单手推传。

每分钟20次全场左手上篮（10分钟）

将球队分成2组，在2个篮下（在底线左侧）排成2排。每排的前3名球员各持一个球。听到教练指令后，每排的第一名球员向球场另一端运球，用左手完成上篮。每次上篮后，队伍中第一名无球的球员拿下篮板球，上篮的球员走到队伍的末端。每当一名球员运球到达中场的时候，第二名球员跟上。要求球员记下他们的上篮次数，目标是每分钟上篮20次。

教学点

- 这是一项快速运球训练，所以球员应该在他们身前运球；鼓励球员在运球时抬起头，这样他们就能看见场上的形势。
- 根据球员的技术水平，你可能需要调整每分钟上篮20次的目标。

从罚球线运球投篮（10分钟）

球员在两个罚球线肘区排成2排。每排的第一名球员运一下球，然后停住投篮。球员自己拿下篮板球，把球传给队中的下一名球员，然后回到队伍的末端。训练按这种方式继续进行，直到投篮命中一定的次数，或训练一定的时间。

教学点

- 球员应该用外侧手运球。
- 球员在练习运球投篮后，可以分组进行投篮比赛。

运球和投篮比赛（10分钟）

根据球员的人数将球员分成2队或2队以上。每队的人数应该限制在3或4人，如果有足够多的篮筐，每支球队都应该有一个自己的篮筐。你可以让球员在球场上的任意地点开始训练，如罚球线。每支球队的第一名球员向篮筐运球，然后投篮。球员自己拿下篮板球，将球传给队中的下一名球员。每支球队都应该记住他们投篮的命中数。训练持续一定的时间，然后计算每一组投篮的命中数。

教学点

- 球员应该用外侧手投篮。
- 这项训练也可以加入组合运球动作（如交叉步运球），然后再投篮。

3对2和2对1全场训练（10分钟）

球员在球场一端排成3排。2名球员站在球场另一端，进入防守姿势，其中一名球员在罚球线，另一名球员在禁区中央。3名球员试图面对2名防守球员得分（3对2）；中间球员向场内运球，然后将球传给一名侧翼球员。在进攻一方投篮后，2名防守球员成为进攻球员，移动到球场另一端，刚才中间的进攻球员成为防守球员（2对1）。2名侧翼球员成为防守球员留在禁区，等待下一组3名进攻球员的进攻。

教学点

- 3名进攻球员在面对2名防守球员进攻时，他们在投篮前传球不可以超过3次。
- 2名进攻球员面对1名防守球员时，他们在投篮前传球不可以超过2次。

从边线到边线防守滑步（5分钟）

球员在边线排成一排，面向在球场一端的教练。听到教练指令后，球员向另一条边线来回滑步。

教学点

- 球员在防守滑步时先慢慢降低重心，然后靠近移动方向的那只脚迈一大步，再带动另外一只脚。
- 球员在滑步时应该保持头部水平。

2对2协防（10分钟）

球员在三分线外的2个侧翼排成2排。在2对2的情况下，一名防守球员防守一名进攻球员。训练开始后，一名侧翼球员向对面侧翼的队友传球。当球从一边侧翼传到另一边侧翼时，第一名侧翼球员的防守球员从防守持球的第一名侧翼球员移动到协防一侧的篮筐线（想象一条连接2个篮筐的线），其队友成为防守球员。在训练一定的时间后，后面的2名球员上场，充当进攻球员，进攻球员换到防守一方，防守球员下场，走到两队的末尾。

教学点

- 第一名防守球员必须快速冲刺到篮筐线，进入正确的防守位置，从而能看见球和他防守的球员。
- 当进攻球员接球时，第二名防守球员快速向他移动，防守球员应该高举双手，补防进攻球员投篮。

3对3传球、空切和补位（10分钟）

将球员分成若干队，每队3人。一队是进攻球员，一队是防守球员，一队留在底线准备上场。进攻球队安排一名球员在罚球区顶端，2名球员在2个侧翼。训练开始后，罚球区顶端的球员将球传给一名侧翼球员。传球后再向篮下空切。另一名侧翼球员补到罚球区顶端的位置，空切球员补到空缺的侧翼。然后，球再回到罚球区顶端，再传给另一个侧翼球员，罚球区顶端的球员再向篮下空切，重复这个过程。教练规定球要传多少次后空切球员才可以投篮。

教学点

要求进攻球员注意拉开适当的空间和填补空位。

运球3对3训练（10分钟）

将球员分成3组，在底线站成3排，每排的第一名球员是进攻球员，他们先上场，面向篮筐。每排的第二名球员是防守球员，他们防守进攻球员。其他球员留在底线。进攻球队通过空切和掩护得分，每名球员每次触球后只能运一下球。防守球员试图跟上自己防守的人。当进攻一方得分或防守一方获得球权，防守一方就变成进攻一方，然后每一组的下一名球员组成防守球队。训练一定的时间或得到一定的分数后训练结束。

教学点

- 球员应该学习在传球后空切，然后寻求接到回传球后投篮。
- 进攻空间很重要。

4对4防守跑位（10分钟）

4名球员进攻，4名球员防守。进攻球队包括2名在禁区三分线外的后卫和2名侧翼球员。一名防守球员防守一名进攻球员，其他球员站在中场，排成4排。训练开始后，一名后卫给一名侧翼球员传球。根据教练的观察，进攻球员每次传球时，防守球员必须调整防守位置，使他们处于正确的协防或主防球的位置。听到教练指令后，进攻一方继续将球从一边侧翼传到另一边侧翼，防守球员根据每次传球调整防守位置。在训练一定的时间后，下一组4名球员上场成为进攻球队，之前的进攻球员成为防守球员，之前的防守球员走到每排的末端。

教学点

- 当球处于球场的另一侧时，防守球员应处于协防位置。他们应该将一只手指向球，另一只手指向他们负责防守的进攻球员，这样他们就不会忽视任何一方。
- 当球在空中时防守球员就必须移动，这样当进攻球员接住球时防守球员就能处于适当的防守位置。教练可能需要喊出"传球"，这样防守球员可相应地调整他们的防守位置。

连续命中2个罚球（10分钟）

球员2人一组，站在罚球线。2名球员轮流投一个罚球，直到2人连续命中2个。

教学点

根据球员的能力水平，调整连续命中罚球的次数。

公告：_____

赛季中期训练计划3

日期：_____　　　时间：_____　　　训练编号：_____

热身运动（10分钟）

球员在底线排成4排。听到教练指令后，球员们跑向另一端的底线。在奔跑过程中，球员练习急停、转身、V形空切和跳步。

教学点

根据球员的能力水平调整热身运动中使用的技术。

双线快攻上篮（10分钟）

将球队分成2排，一排在禁区面向对面的篮筐，另一排在侧翼（这一排的球员做好接球准备）。禁区那排的第一名球员持球，训练开始后将球传给侧翼的球员。侧翼球员将球运到对面的罚球线后停住，不要走步。传球的球员跑到禁区外的另一侧，接侧翼球员的回传球。接到回传球后该球员运球上篮。这2名球员留在球场这端，交换位置，同时后面的2名球员开始训练。所有的球员都完成一次上篮后，他们交换位置，然后回到原来的篮筐完成训练。

教学点

- 确保传球球员在奔跑时分散开来，为了强调这一点，教练可以在球场上放置若干个标志桶，规定球员只能在标志桶外侧跑。
- 这个训练方法也可以用来训练打板投篮、强力投篮或中间球员接回传球在罚球线投篮。

每分钟25次全场左手上篮（10分钟）

将球队分成2组，在2个篮下（在底线左侧）排成2排。每排的前3名球员各持一个球。听到教练指令后，每排的第一名球员向球场另一端运球，用左手完成上篮。每次上篮后，队伍中第一名无球的球员拿下篮板球，上篮的球员走到队伍的末端。每当一名球员运球到达中场的时候，第二名球员跟上。要求球员记下他们的上篮次数，目标是每分钟上篮25次。

教学点

- 这是一项快速运球训练，所以球员应该在他们身前运球；鼓励球员在运球时抬起头，这样他们就能看见场上的形势。
- 根据球员的技术水平，你可能需要调整每分钟上篮25次的目标。

四角传球和跳投（10分钟）

球员在球场的4个角排成4排，2个球在2个对应的角（一共4个球）。每排的第一名球员持一个球（投篮的2排），向前运几步球，然后把球传给在球场另一端的2排的第一名球员（传球的2排）。然后传球球员跟着传球向前奔跑，接一个回传球后投篮。球员投篮后，走到同侧的传球那排的末端，同时传回传球的球员拿下篮板球，将球传给球场同一端的对面角，然后移动到投篮那排的末端。

教学点

- 投篮球员接球时，双脚应该处于合适的位置，做好投篮准备。
- 拿篮板球的球员应该把球传好。

运两个球（10分钟）

球员分成2人一组，沿着一条边线站立。每组的第一名球员持2个球，该球员从一条边线向另一条边线同时运2个球。然后，把球给搭档，后者继续这项训练。

教学点

- 球员在同时运2个球时应该保持头部抬起，而不应该看着球。
- 球员在训练同时运2个球后，他们可以训练交替运2个球。

3对2半场训练（10分钟）

将球队在中场线分成3排。2名防守球员在禁区，其中一名球员在罚球线，另一名球员在禁区中央。教练将球扔给在半场中间那排的第一名球员，训练开始。另外2名进攻球员站在2个侧翼。中间球员向一名侧翼球员传球，然后留在传球的一侧，等待可能的回传球。3名进攻球员向2名防守球员发起进攻，试图得分。进攻球队在投篮前传球不可以超过2次（进攻球队传球次数不应该超过防守球员的人数）。一次进攻结束后，2名侧翼球员换到防守一方，另外3名球员回到队伍的末端。

教学点

- 2名防守球员的位置应该一前一后，后方的防守球员防守对方给侧翼球员的一传，前方的防守球员后退到禁区中间。
- 中间的那名进攻球员必须滑步到传球一侧的禁区肘区，在这个位置他可以接到回传球后跳投。

4对4跳球防守跑位（5分钟）

在4对4防守跑位中，4名球员进攻，4名球员防守。进攻球队包括2名在禁区三分线外的后卫和2名侧翼球员。一名防守球员防守一名进攻球员，其他球员站在中场，排成4排。训练开始后，一名后卫给一名侧翼球员传球。根据教练的观察，进攻球员每次传球时，防守球员必须跳向球，调整防守位置，使他们处于正确的协防或主防球的位置。听到教练指令后，进攻一方继续将球从一边侧翼传到另一边侧翼，防守球员跳向球，调整防守位置。在训练一定的时间后，下一组4名球员上场成为进攻球队，之前的进攻球员成为防守球员，之前的防守球员走到每排的末端。

教学点

- 当球处于球场的另一侧时，防守球员应处于协防位置。他们应该将一只手指向球，另一只手指向他们负责防守的进攻球员，这样他们就不会忽视任何一方。
- 当球在空中时防守球员就必须移动，这样当进攻球员接住球时防守球员就能处于适当的防守位置。教练可能需要喊出"传球"，这样防守球员可相应地调整他们的防守位置。

3对3协防（10分钟）

在这项3对3训练中，防守一方防止进攻球员向篮下传球。防守离运球球员最近的进攻球员的人必须协防运球球员，一旦进攻球员传球后，再回去防守他自己应防守的球员。

教学点

- 防守球员必须保持正确的防守姿势。
- 防守球员需要处于正确的协防位置，同时观察运球球员以及他们负责防守的进攻球员。

4对4激烈对抗（10分钟）

将球员在底线排成4排，每排的第一名球员是进攻球员，第二名球员是防守球员。进攻球员在场上面向篮筐。教练将球传给一名进攻球员，训练开始。防守球员从底线开始移动，靠近进攻球员，进入防守姿势。进攻球员需要遵守以下规则：必须面向篮筐进入三威胁姿势，在传球后必须移动，在接到传球直接得分后需要感谢传球的球员。如果进攻球员没能遵守其中任何一条规则，教练吹哨，进攻球员必须下场，走到队伍末尾。防守一方成为进攻一方，新上场的4名球员成为防守一方。训练持续一定的时间或一支球队得到一定的分数后，训练结束。投篮命中1次得1分。

教学点

- 球队上场和下场动作必须迅速。
- 球员必须立即执行规则规定的动作，如果没有，该队就出局。

5对0进攻（10分钟）

根据你要教的进攻阵型，安排球员的进攻站位。例如，如果教1-2-2阵型，需要安排一名控球后卫、2名侧翼球员和2名内线球员；如果教2-1-2阵型，需要安排2名后卫、一名高位球员和2名底线或内线球员。在这项训练中，教球员如何通过进攻战术（包括空切和掩护等）得分。

教学点

- 教球员拉开适当的空间，以及如何在传球和空切后补位。
- 强调球员每次接球后都应该面向篮筐。

有控制的5对5训练比赛（10分钟）

将球队分成2队，5人一队，进行训练比赛。在训练中使用球员已经训练过的技术和战术。让球员先进行5对5半场比赛，在一方进球或投篮不中后，比赛转变成全场训练比赛。他们应该在球场的另一端停下来，再进行全场的5对5训练比赛。必要时替换球员。

教学点

- 必要时教练应该中断比赛，对比赛的进攻端或防守端进行讲解。
- 当进攻球队失去球权时，他们必须快速往回跑去防守球。

连续命中两个罚球（10分钟）

球员2人一组，站在罚球线。2名球员轮流投一个罚球，直到2人连续命中2个。

教学点

根据球员的能力水平，调整连续命中罚球的次数。

公告：_____

赛季后期训练

赛季后期的训练计划应该包含能够同时提高球队技术与个人技术的团队训练。教练应该仔细制定训练计划，并考虑到球队中球员技术层面的差异。

赛季后期训练计划

日期：_____　　时间：_____　　训练编号：_____

热身运动（10分钟）

球员在底线排成4排。听到教练指令后，球员们跑向另一端的底线。在奔跑过程中，球员练习急停、转身、V形空切和跳步。

教学点

根据球员的能力水平调整热身运动中使用的技术。

四角传球和跳投（10分钟）

球员在球场的4个角排成4排，2个球在2个对应的角（一共4个球）。每排的第一名球员持一个球（投篮的2排），向前运几步球，然后把球传给球场另一端的2排的第一名球员（传球的2排）。然后传球球员跟着传球向前奔跑，接一个回传球后投篮。球员投篮后，走到同侧的传球那排的末端，同时传回传球的球员拿下篮板球，将球传给球场同一端的对面角，然后移动到投篮那排的末端。目标是一分钟跳投10个。

教学点

- 投篮球员接球时，双脚应该处于合适的位置，做好投篮准备。
- 拿篮板球的球员应该把球传好。

每分钟30次全场右手上篮（10分钟）

将球队分成2组，在2个篮下（在底线右侧）排成2排。每排的前3名球员各持一个球。听到教练指令后，每排的第一名球员向球场另一端运球，用右手完成上篮。每次上篮后，队伍中第一名无球的球员拿下篮板球，上篮的球员走到队伍的末端。每当一名球员运球到达中场的时候，第二名球员跟上。要求球员记下他们的上篮次数，目标是每分钟上篮30次。

- 这是一项快速运球训练，所以球员应该在他们身前运球；鼓励球员在运球时抬起头，这样他们就能看见场上的形势。
- 根据球员技术的水平，你可能需要调整每分钟上篮30次的目标。

1对0和1对1防守滑步（10分钟）

将球员在底线分成3排。每排的第一名球员向另一端的底线进行防守滑步，每滑动3步转身一次。球员在掌握这个训练的窍门后，再将球员分成2人一组。一名球员从一端底线向另一端底线运球，用V形运球和交叉步运球变向，另外一名球员是防守球员。防守球员应该进行滑步，使自己保持在运球球员前面，当进攻球员变向时，防守球员应该落步转身。

- 进攻球员应该放慢速度，让防守球员可以训练自己的脚步。
- 防守球员与进攻球员保持一臂距离，眼睛看着运球球员的腰部。

3对3半场训练（10分钟）

将球员分成3组，在底线排成3排，每排的第一名球员是进攻球员。这3名球员先上场，面向篮筐。每排的第二名球员是防守球员，他们防守进攻球员。其他球员留在底线。进攻球队通过运球、传球、空切和掩护得分。防守球员试图跟上自己防守的人。当进攻一方得分或防守一方获得球权，防守一方就变成进攻一方，然后每一组的下一名球员组成防守球队。训练一定的时间或得到一定的分数后训练结束。

根据球员们的能力，你可以对他们加一些限制，例如防守时不可以抢断进攻球员的运球、进攻球员只能运一下球，或进攻球员必须传3次球后才可以投篮。

4对4激烈对抗（10分钟）

将球员在底线排成4排，每排的第一名球员是进攻球员，第二名球员是防守球员。进攻球员在场上面向篮筐。教练将球传给一名进攻球员，训练开始。防守球员从底线开始移动，靠近进攻球员，进入防守姿势。进攻球员需要遵守以下规则：必须面向篮筐进入三威胁姿势，在传球后必须移动，在接到传球直接得分后需要感谢传球的球员。如果进攻球员没能遵守其中任何一条规则，教练吹哨，进攻球员必须下场，走到队伍末尾。防守一方成为进攻一方，新上场的4名球员成为防守一方。训练持续一定的时间或一支球队得到一定的分数后，训练结束。投篮命中1次得1分。

- 球队上场和下场动作必须迅速。
- 球员必须立即执行规则规定的动作，如果没有，该队就出局。

连续命中2个罚球（10分钟）

球员2人一组，站在罚球线。2名球员轮流投一个罚球，直到2人连续命中2个。

教学点

根据球员的能力水平，调整连续命中罚球的次数。

2人4定点投篮比赛（10分钟）

球员分成2人一组，每一组持一个球。在这项训练中，球员从教练指定的4个点投篮。一名球员在第一个指定投篮点（如右侧肘区）投篮，然后自己拿下篮板球，把球交给搭档，后者在相同位置投篮。2名球员都必须在这个投篮点投篮命中后才能移动到下一个投篮点。2名球员轮流投篮，直到每名球员在4个点都命中投篮。

教学点

- 不要将投篮最好的2名球员分在一组。
- 为了使训练更有难度，教练可以要求球员在每个投篮点命中5次（或规定其他次数）后，再移动到下一个投篮点。

复习界外球战术（10分钟）

将球队分成5人一组，一组球员先上场训练。让每组球员在没有防守的情况下演示一遍界外球战术。

教学点

- 开始时先训练对于每名球员来说都简单的战术，这时你只能训练一个战术，但可以提供许多选择。
- 大多数界外球战术都是从盒子型的阵型开始，即4名球员在禁区的4个角。

2对1半场训练（10分钟）

将球队在半场分成2排，一名防守球员在禁区中央。队伍中的前2名球员试图用运球和传球，面对防守球员得分。

教学点

进攻球员在得分前应该只传一两次球。

5对0进攻（10分钟）

根据你要教的进攻阵型，安排球员的进攻站位。例如，如果教1-2-2阵型，需要安排一名控球后卫、2名侧翼球员和2名内线球员。如果教2-1-2阵型，需要安排2名后卫、一名高位球员和2名底线或内线球员。在这项训练中，教球员如何通过进攻战术（包括空切和掩护等）得分。

教学点

- 教球员拉开适当的空间，以及如何在传球和空切后补位。
- 强调球员每次接球后都应该面向篮筐。

4分钟投篮（10分钟）

在这项训练中需要3名球员和2个球。2名球员各持一个球。一名持球的球员投篮，自己拿下篮板球，把球传给没有球的那名球员。第一名球员投篮后，另外一名持球的球员立即投篮，自己拿下篮板球，然后传给没有球的球员（第一名投篮球员）。每次投篮后，球员重新落位，把球传给下一名投篮球员。训练4分钟，记下投篮命中数。

教学点

投篮球员必须拿下篮板球，传球，然后准备接球进行下一次投篮。

公告：_____

第13章

11~12岁球员
训练计划

这一年龄组的球员的技术会开始大幅提高，他们急切希望进行团队训练，同时提高他们的个人技术。在每次训练课上，教练应该试图加入可以同时训练几项技术的训练方法。尽管这些训练方法可能只是强调一两项技术，但球员在训练时也可以练习到其他技术。教练应该重点训练那些球员最需要提高的技术。

对于这一年龄组的球员，竞争性的训练可以有效地保持球员的兴趣，同时提高他们的技术。竞争的形式可以是球员与球员之间的竞争，也可以是球员用更短的时间完成训练，或者得到更多的分数。训练时的竞争可以使球员更适应比赛条件，可以在与比赛时相同的压力下执行技术动作。

教练在塑造这个年龄组的球员的技术时，应该牢牢记住在本书第2部分中第48页的六大指导方针。教练现在将开始使用更多的进攻策略化解防守。在训练中需要练习发界外球等特殊情况时使用的战术；球员们在整个赛季中将会打更多的比赛，所以他们需要训练在这些情况下使用的战术。

教练应该开始培养球员的领袖气质。培养球员领袖气质的方法包括让球员演示一项新的训练方法，让球员向队友口述战术或如何执行一项训练，抑或让球员自己组织训练。

指导女球员时的注意事项

安妮·伯恩，高中女子篮球队主教练

11~12岁对于女孩来说是一个尴尬的年纪，她们的身体在生长和变化。对于一些高个儿女生来说，协调性和平衡性会是一项挑战，她们的身体有时并不完全听大脑的使唤。鼓励在这时候很关键。这个年龄段的女生很可能通过校园篮球、训练营或技术培训班等途径参与了篮球这项运动。教练应该先评估一组球员执行基本技术的能力，例如正确的脚步和投篮动作，然后再决定从哪里开始训练。教练也可以评估球员对防守概念（人盯人和区域联防）、篮球规则和位置（后卫、前锋和内线）等概念的理解。

让这些女生进行梯子训练（在地板上放置一个绳梯，球员跳进和跳出绳梯）和跳绳训练是一个不错的方法，这将帮助她们提高平衡力和协调性。当在训练中加入冲刺时，一个有效的办法是让球员冲刺到半场，然后转身退回到底线。这可以训练球员的变向和速度，同时保持平衡和加快脚步。还可以考虑加入一些在增强球员能力的同时又能提高他们自信的训练方法。建议进行的训练有三线传球、1对1防守滑步、跑位训练、卡位训练和转换训练（3对2、2对1）。

11~12岁

赛季初期训练

赛季初期的训练课通常是先复习基本技术。这不仅能使球员恢复技术，也能帮助教练评估球员的技术水平，从而更好地计划将来的训练课。

赛季初期训练计划

日期：_____　　　时间：_____　　　训练编号：_____

热身运动（10分钟）

球员在底线排成4排。听到教练指令后，球员们跑向另一端的底线。在奔跑过程中，球员练习急停、转身、Ｖ形空切和跳步。

教学点

根据球员的能力水平调整热身运动中使用的技术。

两人一组双手胸前传球（10分钟）

球员分成2人一组，2名球员相距6~8英尺（1.8~2.4米）。听到教练指令后，持球的球员用双手胸前传球把球传给队友。在传球时手掌和手臂都发力；手肘应该靠近身体，在球传出后大拇指朝下，手掌朝外。然后，搭档再把球传回来，这样来回传球。

教学点

- 球员传球时应该向传球目标迈出一步。
- 接球球员应该举起双手准备接球。

双线胸前、击地、头顶和棒球式传球（10分钟）

将球员分成2排，面对面站立。根据球员的能力，2排相隔的距离不少于禁区的宽度。一排的第一名球员持球，用胸前传球把球传给对面那排的第一名球员。球员跟着他的传球跑到对面那排的末端。训练继续进行，球员传球后跟随传球到对面一排。球员练习胸前传球后，用相同的训练方法练习击地、头顶和棒球式传球。

教学点

- 球员在传球时应该迈出一步，使传球更直接。
- 为了帮助交流，球员应该喊出他们传球目标队友的名字。

四线交叉步运球（10分钟）

球员在两条边线分别排成2排，面对面站立。每排的第一名球员向中场运球。达到中场后，球员交叉步换到左手运球，然后继续运球到对面边线。每名球员跳投一次，然后把球传给对面那排的下一名球员。球员按照这种模式来回训练，进行交叉步运球。

教学点

- 球员在交叉步运球时必须抬起头和下巴，避免与来自反方向的球员发生碰撞。
- 交叉步运球时应该降低重心，弯曲膝盖。

形式投篮（10分钟）

球员站在离篮筐2~3英尺（0.6~0.9米）的位置，把球放在一只手上。球员弯曲膝盖，用一只手投篮。这项训练帮助球员提高投篮的基本功。

教学点

- 投篮手臂应该举到肩膀的高度，当单手投篮时手臂不应该往下沉。
- 球员必须注意，不可像抓棒球或网球一样抓篮球，篮球应该放在手掌上。

三线传球全场训练（10分钟）

球员在底线排成3排，中间那排球员每人持一个球。听到教练指令后，每排的第一名球员向另一端底线奔跑，在奔跑时中间的球员向一名侧翼的球员传球。侧翼球员接球后把球传回给中间球员，后者再把球传给另外一名侧翼球员，这样来回传球。侧翼的球员在整个过程中都应该分散开。在3名球员都到达另一端底线后，另一组的3名球员用相同的方式开始训练。

教学点

- 在场内向前奔跑时，球员传球时球应该穿过他们的身体。
- 当球员在奔跑时，他们应该举起双手要球。

大量防守滑步（5分钟）

所有球员围绕教练形成分散的阵型，确保所有球员都可以看见教练。所有球员听教练指令，或跟随教练的动作，进入防守姿势，然后再向左或向右滑步，保持膝盖弯曲，双手举过腰部。

教学点

- 这是一个跟随领队一起训练的好时机。让一名球员站在球队的前面，带领其他球员一起进行防守滑步训练。
- 教练应该确保球员在滑步时双腿不交叉或并拢。球员应该先迈出一步，然后再带动另一侧的脚和腿。

防守跟随（10分钟）

把球员分成2人一组，2人站在球场上一条线（如罚球线或底线）的两边。一名球员被指定为进攻球员，该球员在线的一侧快速前后移动。另外一名球员是防守球员，当进攻球员移动时，防守球员必须滑动脚步试图跟上进攻球员。进攻球员前后移动的范围应该在6~8英尺（1.8~2.4米）内。

教学点

当防守球员跟随进攻球员移动时，告诉防守球员一直看着进攻球员的腰部。也要告诉防守球员在滑步时避免双腿交叉。

7定点投篮，每个投篮点命中2球（10分钟）

在球场上选7个点，用胶带标记。将球员分成2人一组，每组持一个球。第一名球员在第一个点投篮，自己拿下篮板球，然后把球传给搭档，后者在相同点投篮。在该点总共命中2个投篮后，这组球员移动到下一关投篮点。球员必须在每个投篮点都命中2个投篮后这项训练才结束。

教学点

- 强调投篮球员在接传球时必须做好准备，双脚和双手处于正确的位置。
- 这项训练可以稍做改变，球员在移动到下一个投篮点前的投篮次数可以任意设定，或要求他们连续命中若干个投篮后再移动到下一个投篮点。

2对1半场快攻（10分钟）

球员在底线排成3排。听到教练指令后，前3名球员向半场奔跑。中间的球员是防守球员，到中场后往回奔跑，进入防守姿势。教练把球传给场上的一名进攻球员，2名进攻球员在2对1的情况下投篮。

教学点

- 进攻球员应该仅用一次传球便找到好的投篮机会。
- 在2对1的情况下，进攻球员大多数时候用击地传球。

3对2半场快攻（10分钟）

球员在底线排成5排。听到教练指令后，前5名球员跑向中场。中间球员和最外侧的2名球员是进攻球员，另外2名球员是防守球员，他们俩往回跑。教练把球传给在中场的中间球员，进攻球员在3对2的情况下攻击篮筐。

教学点

- 进攻球员应该试图只用2次传球得分。
- 中间球员把球传给一个侧翼球员，该球员应该跑到传球一侧的罚球线肘区，等待队友可能传来的回传球。

公告: _____

赛季中期训练

对于这一级别的球员来说，赛季中期的训练将会更具竞争性，也会包括更多的团队训练。然而，在训练课中球员依旧需要练习基本的传球、投篮、篮板球和运球这些基本技术。

赛季中期训练计划1

日期: _____ 　　时间: _____ 　　训练编号: _____

热身运动（10分钟）

球员在底线排成4排。听到教练指令后，球员们跑向另一端的底线。在奔跑过程中，球员练习急停、转身、V形空切和跳步。

教学点

根据球员的能力水平调整热身运动中使用的技术。

运球-转身-传球（10分钟）

球员在边线排成若干排，每排不超过3人。第一名球员用右手向前运三下球后停住，然后执行后转身（也可以使用前转身），用胸前传球把球传给下一名球员。传球后球员走到队列的末端，下一名球员（接到传球的球员）向前运球，然后转身和传球。

教学点

- 向球员强调，他们在转身时应该弯曲膝盖，这样有利于传球。
- 根据球员的能力，在训练中可以使用击地传球和单手推传。

每分钟30次全场右手上篮（10分钟）

将球队分成2组，在2个篮下（在底线右侧）排成2排。每排的前3名球员各持一个球。听到教练指令后，每排的第一名球员向球场另一端运球，用右手完成上篮。每次上篮

207

后，队伍中第一名无球的球员拿下篮板球，上篮的球员走到队伍的末端。每当一名球员运球到达中场的时候，第二名球员跟上。要求球员记下他们的上篮次数，目标是每分钟上篮30次。

教学点

- 这是一项快速运球训练，所以球员应该在他们身前运球；鼓励球员在运球时抬起头，这样他们就能看见场上的形势。
- 根据球员的技术水平，你可能需要调整每分钟上篮30次的目标。

形式投篮（10分钟）

球员站在离篮筐2~3英尺（0.6~0.9米）的位置，把球放在一只手上。球员膝盖弯曲，用一只手投篮。这项训练帮助球员提高投篮的基本功。

教学点

- 投篮手臂应该举到肩膀的高度，当单手投篮时手臂不应该往下沉。
- 球员必须注意，不可像抓棒球或网球一样抓篮球，篮球应该放在手掌上。

双线胸前、击地、头顶和棒球式传球（10分钟）

将球员分成2排，面对面站立。根据球员的能力，2排相隔的距离不少于禁区的宽度。一排的第一名球员持球，用胸前传球把球传给对面那排的第一名球员。球员跟着他的传球跑到对面那排的末端。训练继续进行，球员传球后跟随传球到对面一排。球员练习胸前传球后，用相同的训练方法练习击地、头顶和棒球式传球。

教学点

- 球员在传球时应该迈出一步，使传球更直接。
- 为了帮助交流，球员应该喊出他们传球目标队友的名字。

5对0抢篮板球后快攻（10分钟）

5名球员站在禁区。教练投篮，球员抢下篮板球后向球场另一端奔跑发动5对0快攻。拿下篮板球的球员把球传给后卫，2名侧翼球员沿着2个外道快下，中锋跑到对面禁区，前锋在最后跟上，在罚球线停住。

教学点

一传应该在拿下篮板球的球员所处禁区外的一侧。

大量防守滑步（5分钟）

所有球员围绕教练形成分散的阵型，确保所有球员都可以看见教练。所有球员听教练指令，或跟随教练的动作，进入防守姿势，然后再向左或向右滑步，保持膝盖弯曲，双手举过腰部。

教学点

- 这是一个跟随领队一起训练的好时机。让一名球员站在球队的前面，带领其他球员一起进行防守滑步训练。
- 教练应该确保球员在滑步时双腿不交叉或并拢。球员应该先迈出一步，然后再带动另一侧的脚和腿。

2对2协防（10分钟）

球员在三分线外的2个侧翼排成2排。在2对2的情况下，一名防守球员防守一名进攻球员。训练开始后，一名侧翼球员向在对面侧翼的队友传球。当球从一边侧翼传到另一边侧翼时，第一名侧翼球员的防守球员从防守持球的第一名侧翼球员移动到协防一侧的篮筐线（想象一条连接2个篮筐的线），其队友成为防守球员。在训练一定的时间后，后面的2名球员上场，充当进攻球员，进攻球员换到防守一方，防守球员下场，走到两队的末尾。

教学点

- 第一名防守球员必须快速冲刺到篮筐线，进入正确的防守位置，从而能看见球和他防守的球员。
- 当进攻球员接球时，第二名防守球员快速向他移动，防守球员应该高举双手，补防进攻球员投篮。

4对4防守跑位（10分钟）

4名球员进攻，4名球员防守。进攻球队包括2名在禁区三分线外的后卫，两名侧翼球员。一名防守球员防守一名进攻球员，其他球员站在中场，排成4排。训练开始后，一名后卫给一名侧翼球员传球。根据教练的观察，进攻球员每次传球时，防守球员必须调整防守位置，使他们处于正确的协防或主防球的位置。听到教练指令后，进攻一方继续将球从一边侧翼传到另一边侧翼，防守球员根据每次传球调整防守位置。在训练一定的时间后，下一组4名球员上场成为进攻球队，之前的进攻球员成为防守球员，之前的防守球员走到每排的末端。

教学点

- 当球处于球场的另一侧时，防守球员应处于协防位置。他们应该将一只手指向球，另一只手指向他们负责防守的进攻球员，这样他们就不会忽视任何一方。
- 当球在空中时防守球员就必须移动，这样当进攻球员接住球时防守球员就能处于适当的防守位置。教练可能需要喊出"传球"，这样防守球员可相应地调整他们的防守位置。

3对2和2对1全场训练（10分钟）

球员在球场一端排成3排。2名球员站在球场另一端，进入防守姿势，其中一名球员在罚球线，另一名球员在禁区中央。3名球员试图面对2名防守球员得分（3对2）；中间球员向场内运球，然后将球传给一名侧翼球员。在进攻一方投篮后，2名防守球员成为进攻球员，移动到球场另一端，刚才中间的进攻球员成为防守球员（2对1）。两名侧翼球员成为防守球员留在禁区，等待下一组3名进攻球员的进攻。

教学点

- 3名进攻球员在面对2名防守球员进攻时，他们在投篮前传球不可以超过3次。
- 2名进攻球员面对1名防守球员时，他们在投篮前传球不可以超过2次。

5对0进攻（10分钟）

根据你要教的进攻阵型，安排球员的进攻站位。例如，如果教1-2-2阵型，需要安排1名控球后卫、2名侧翼球员和2名内线球员。如果教2-1-2阵型，需要安排2名后卫、1名高位球员和2名底线或内线球员。在这项训练中，教球员如何通过进攻战术（包括空切和掩护等）得分。

教学点

- 教球员拉开适当的空间，以及如何在传球和空切后补位。
- 强调球员每次接球后都应该面向篮筐。

连续命中2个罚球（10分钟）

球员2人一组，站在罚球线。2名球员轮流投一个罚球，直到2人连续命中2个。

教学点

根据球员的能力水平，调整连续命中罚球的次数。

公告：＿＿＿＿＿＿＿＿＿＿＿＿＿＿＿＿＿＿＿＿＿＿＿＿＿＿＿＿＿＿＿＿＿＿＿

赛季中期训练计划2

日期：_____　　　时间：_____　　　训练编号：_____

热身运动（10分钟）

球员在底线排成4排。听到教练指令后，球员们跑向另一端的底线。在奔跑过程中，球员练习急停、转身、V形空切和跳步。

教学点

根据球员的能力水平调整热身运动中使用的技术。

运球－转身－传球（10分钟）

球员在边线排成若干排，每排不超过3人。第一名球员用右手向前运三下球后停住，然后执行后转身（也可以使用前转身），用胸前传球把球传给下一名球员。传球后球员走到队列的末端，下一名球员（接到传球的球员）向前运球，然后转身和传球。

教学点

- 向球员强调，他们在转身时应该弯曲膝盖，这样有利于传球。
- 根据球员的能力，在训练中可以使用击地传球和单手推传。

每分钟30次全场右手上篮（10分钟）

将球队分成2组，在2个篮下（在底线右侧）排成2排。每排的前3名球员各持一个球。听到教练指令后，每排的第一名球员向球场另一端运球，用右手完成上篮。每次上篮后，队伍中第一名无球的球员拿下篮板球，上篮的球员走到队伍的末端。每当一名球员运球到达中场的时候，第二名球员跟上。要求球员记下他们的上篮次数，目标是每分钟上篮30次。

教学点

- 这是一项快速运球训练，所以球员应该在他们身前运球；鼓励球员在运球时抬起头，这样他们就能看见场上的形势。
- 根据球员的技术水平，你可能需要调整每分钟上篮30次的目标。

四角传球和跳投（10分钟）

球员在球场的4个角排成4排，2个球在2个对应的角（一共4个球）。每排的第一名球员持一个球（投篮的2排），向前运几步球，然后把球传给在球场另一端的2排的第一名球员（传球的2排）。然后传球球员跟着传球向前奔跑，接一个回传球后投篮。球员投篮后，走到同侧的传球那排的末端，同时传回传的球员拿下篮板球，将球传给球场同一端的对面角，然后移动到投篮那排的末端。

教学点

- 投篮球员接球时，双脚应该处于合适的位置，做好投篮准备。
- 拿篮板球的球员应该把球传好。

双线快攻上篮（10分钟）

将球队分成2排，一排在禁区面向对面的篮筐，另外一排在侧翼（这一排的球员做好接球准备）。禁区那排的第一名球员持球，训练开始后将球传给侧翼的球员。侧翼球员将球运到对面的罚球线后停住，不要走步。传的球员跑到禁区外的另一侧，接侧翼球员的回传球。接到回传球后该球员运球上篮。这2名球员留在球场这端，交换位置，同时后面的2名球员开始训练。所有的球员都完成一次上篮后，他们交换位置，然后回到原来的篮筐完成训练。

教学点

- 确保传球球员在奔跑时分散开来，为了强调这一点，教练可以在球场上放置若干个标志桶，规定球员只能在标志桶外侧跑。
- 这个训练方法也可以用来训练打板投篮、强力投篮或者中间球员接回传球在罚球线投篮。

5对0抢篮板球后快攻（10分钟）

5名球员站在禁区。教练投篮，球员抢下篮板球后向球场另一端奔跑发动5对0快攻。拿下篮板球的球员把球传给后卫，2名侧翼球员沿着2个外道快下，中锋跑到对面禁区，前锋在最后跟上，在罚球线停住。

教学点

一传应该在拿下篮板球的球员所处禁区外的一侧。

2对2协防（5分钟）

球员在三分线外的2个侧翼排成2排。在2对2的情况下，一名防守球员防守一名进攻球员。训练开始后，一名侧翼球员向在对面侧翼的队友传球。当球从一边侧翼传到另一边侧翼时，第一名侧翼球员的防守球员从防守持球的第一名侧翼球员移动到协防一侧的篮筐线（想象一条连接2个篮筐的线），其队友成为防守球员。在训练一定的时间后，后面的2名球员上场，充当进攻球员，进攻球员换到防守一方，防守球员下场，走到两队的末尾。

教学点

- 第一名防守球员必须快速冲刺到篮筐线，进入正确的防守位置，从而能看见球和他防守的球员。
- 当进攻球员接球时，第二名防守球员快速向他移动，防守球员应该高举双手，补防进攻球员投篮。

3对3防守协防（10分钟）

在这项3对3训练中，防守一方防止进攻球员向篮下传球。防守离运球球员最近的进攻球员的人必须协防运球球员，一旦进攻球员传球后，再回去防守他自己应防守的球员。

教学点

- 防守球员必须保持正确的防守姿势。
- 防守球员需要处于正确的协防位置，同时观察运球球员以及他们负责防守的进攻球员。

4对4防守跑位（10分钟）

4名球员进攻，4名球员防守。进攻球队包括2名在禁区三分线外的后卫和2名侧翼球员。一名防守球员防守一名进攻球员，其他球员站在中场，排成4排。训练开始后，一名后卫给一名侧翼球员传球。根据教练的观察，进攻球员每次传球时，防守球员必须调整防守位置，使他们处于正确的协防或主防球的位置。听到教练指令后，进攻一方继续将球从一边侧翼传到另一边侧翼，防守球员根据每次传球调整防守位置。在训练一定的时间后，下一组4名球员上场成为进攻球队，之前的进攻球员成为防守球员，之前的防守球员走到每排的末端。

教学点

- 当球处于球场的另一侧时，防守球员应处于协防位置。他们应该将一只手指向球，另一只手指向他们负责防守的进攻球员，这样他们就不会忽视任何一方。

- 当球在空中时防守球员就必须移动，这样当进攻球员接住球时防守球员就能处于适当的防守位置。教练可能需要喊出"传球"，这样防守球员可相应地调整他们的防守位置。

3对2和2对1全场训练（10分钟）

球员在球场一端排成3排。2名球员站在球场另一端，进入防守姿势，其中一名球员在罚球线，另一名球员在禁区中央。3名球员试图面对2名防守球员得分（3对2）；中间球员向场内运球，然后将球传给一名侧翼球员。在进攻一方投篮后，2名防守球员成为进攻球员，移动到球场另一端，刚才中间的进攻球员成为防守球员（2对1）。2名侧翼球员成为防守球员留在禁区，等待下一组3名进攻球员的进攻。

教学点

- 3名进攻球员在面对2名防守球员进攻时，他们在投篮前传球不可以超过3次。
- 2名进攻球员面对1名防守球员时，他们在投篮前传球不可以超过2次。

5对0进攻（10分钟）

根据你要教的进攻阵型，安排球员的进攻站位。例如，如果教1-2-2阵型，需要安排一名控球后卫、2名侧翼球员和2名内线球员。如果教2-1-2阵型，需要安排2名后卫、一名高位球员和2名底线或内线球员。在这项训练中，教球员如何通过进攻战术（包括空切和掩护等）得分。

教学点

- 教球员拉开适当的空间，以及如何在传球和空切后补位。
- 强调球员每次接球后都应该面向篮筐。

连续命中2个罚球（10分钟）

球员2人一组，站在罚球线。2名球员轮流投一个罚球，直到2人连续命中2个。

教学点

根据球员的能力水平，调整连续命中罚球的次数。

公告:_____

赛季中期训练计划3

日期：_____   时间：_____   训练编号：_____

热身运动（10分钟）

球员在底线排成4排。听到教练指令后，球员们跑向另一端的底线。在奔跑过程中，球员练习急停、转身、V形空切和跳步。

教学点

根据球员的能力水平调整热身运动中使用的技术。

每分钟40次全场右手上篮（10分钟）

将球队分成2组，在2个篮下（在底线右侧）排成2排。每排的前3名球员各持一个球。听到教练指令后，每排的第一名球员向球场另一端运球，用右手完成上篮。每次上篮后，队伍中第一名无球的球员拿下篮板球，上篮的球员走到队伍的末端。每当一名球员运球到达中场的时候，第二名球员跟上。要求球员记下他们的上篮次数，目标是每分钟上篮40次。

教学点

- 这是一项快速运球训练，所以球员应该在他们身前运球；鼓励球员在运球时抬起头，这样他们就能看见场上的形势。
- 根据球员的技术水平，你可能需要调整每分钟上篮40次的目标。

5球投篮、上篮，2人跳投（10分钟）

球员在球场4个角排成4排。在球场一端，一名球员持球站在底线中间。该球员和在球场同一端2排的第一名球员向球场另一端奔跑，在奔跑时传2次球，最后由一名球员完成上篮。在第三名球员上篮后，2名传球球员（包括中间球员）各接到来自球场另一端的传球后跳投。上篮的球员自己拿下篮板球，然后转身，把球传出，然后与前2名球员（刚刚传球和跳投的2名球员）向球场另一端奔跑。这3名再次传2个球，然后一名球员上篮，2名球员跳投，训练继续。目标是在1分钟内投篮15次。

教学点

这个年龄段的球员在从一边侧翼向另一边侧翼传球前，他们可能需要运几下球。

四角传球和跳投（10分钟）

球员在球场的4个角排成4排，2个球在2个对应的角（一共4个球）。每排的第一名球员持一个球（投篮的2排），向前运几步球，然后把球传给在球场另一端的2排的第一名球员（传球的2排）。然后传球球员跟着传球向前奔跑，接一个回传球后投篮。球员投篮后，走到同侧的传球那排的末端，同时传回传的球员拿下篮板球，将球传给球场同一端的对面角，然后移动到投篮那排的末端。目标是一分钟跳投10个。

教学点

- 投篮球员接球时，双脚应该处于合适的位置，做好投篮准备。
- 拿篮板球的球员应该把球传好。

4对4激烈对抗（10分钟）

将球员在底线排成4排，每排的第一名球员是进攻球员，第二名球员是防守球员。进攻球员在场上面向篮筐。教练将球传给一名进攻球员，训练开始。防守球员从底线开始移动，靠近进攻球员，进入防守姿势。进攻球员需要遵守以下规则：必须面向篮筐进入三威胁姿势，在传球后必须移动，在接到传球直接得分后需要感谢传球的球员。如果进攻球员没能遵守其中任何一条规则，教练吹哨，进攻球员必须下场，走到队伍末尾。防守一方成为进攻一方，新上场的4名球员成为防守一方。训练持续一定的时间或一支球队得到一定的分数后，训练结束。投篮命中1次得1分。

教学点

- 球员必须立即执行规则规定的动作，如果没有，该队就出局。
- 可以加入其他的规则，例如限制进攻一方只能运两下球，或规定进攻一方必须在设置掩护或所有球员都触球后才可以投篮。

11名球员快攻（10分钟）

球员在全场的4个侧翼区域排成4排。2名防守球员站在球场两侧的罚球线和禁区，3名进攻球员在半场，持一个球。训练开始后3名进攻球员打2名防守球员。在进攻一方投篮后，无论命中与否，防守一方拿下篮板球。3名进攻球员中的2名依然留在场上，成为防守球员。其他的球员走到在侧翼的4排球员其中一排的末尾。拿下篮板球的防守球员把球传给在侧翼的一排球员中的第一名球员。接球的侧翼球员向球场另一端运球，和另一名侧翼球员以及刚才传球的防守球员组成3名进攻球员，在3对2的情况下发动进攻。按照这种模式训练一段时间。

- 确保接一传的球员大声要球。
- 传一传的防守球员应该跑到球场一侧，填补快攻时侧翼的位置。

命中10球比赛（5分钟）

将球队分成若干组，每组不超过3名球员。教练指定一个投篮点，球员在该点轮流投篮，直到该组球员命中10次。每名球员投篮后自己拿下篮板球，然后传给队中的下一名球员。

教学点

- 向球员强调，他们在接传球前，双手和双脚应该做好投篮的准备。
- 根据球员的能力，教练可以更改投篮命中数和投篮点。

4对4防守跑位（10分钟）

4名球员进攻，4名球员防守。进攻球队包括2名在禁区三分线外的后卫、2名侧翼球员。一名防守球员防守一名进攻球员，其他球员站在中场，排成4排。训练开始后，一名后卫给一名侧翼球员传球。根据教练的观察，进攻球员每次传球时，防守球员必须调整防守位置，使他们处于正确的协防或主防球的位置。听到教练指令后，进攻一方继续将球从一边侧翼传到另一边侧翼，防守球员根据每次传球调整防守位置。在训练一定的时间后，下一组4名球员上场成为进攻球队，之前的进攻球员成为防守球员，之前的防守球员走到每排的末端。

教学点

- 当球处于球场的另一侧时，防守球员应处于协防位置。他们应该将一只手指向球，另一只手指向他们负责防守的进攻球员，这样他们就不会忽视任何一方。
- 当球在空中时防守球员就必须移动，这样当进攻球员接住球时防守球员就能处于适当的防守位置。教练可能需要喊出"传球"，这样防守球员可相应地调整他们的防守位置。

一名防守球员尾随的5对4快攻（10分钟）

将球队在底线分成5队，5名球员在罚球线面对他们。训练开始后，教练把球传给在底线的一名球员，罚球线的一名球员跑到底线，同时其他球员向球场另一端奔跑，进行5对4训练。跑到底线的球员是跟随球员，他随后加入训练，然后进行5对5训练。

- 进攻球员应该攻击4名防守球员，试图在第五名防守球员参与训练之前完成快攻得分。
- 防守一方需要先把球停下来，延缓进攻球队推进，直到第五名防守球员跟上。

5对0进攻（10分钟）

根据你要教的进攻阵型，安排球员的进攻站位。例如，如果教1-2-2阵型，需要安排一名控球后卫、2名侧翼球员和2名内线球员。如果教2-1-2阵型，需要安排2名后卫、一名高位球员和2名底线或内线球员。在这项训练中，教球员如何通过进攻战术（包括空切和掩护等）得分。

教学点

- 教球员拉开适当的空间，以及如何在传球和空切后补位。
- 强调球员每次接球后都应该面向篮筐。

有控制的5对5训练比赛（10分钟）

将球队分成2队，5人一队，进行训练比赛。在训练中使用球员已经训练过的技术和战术。让球员先进行5对5半场比赛，在一方进球或投篮不中后，比赛转变成全场训练比赛。他们应该在球场的另一端停下来，再进行全场的5对5训练比赛。必要时替换球员。

教学点

- 必要时教练应该中断比赛，对比赛的进攻端或防守端进行讲解。
- 当进攻球队失去球权时，他们必须快速往回跑去防守球。

连续命中2个罚球（10分钟）

球员2人一组，站在罚球线。2名球员轮流投一个罚球，直到2人连续命中2个。

教学点

根据球员的能力水平，调整连续命中罚球的次数。

公告：＿＿＿＿＿＿＿＿＿＿＿＿＿＿＿＿＿＿＿＿＿＿＿＿＿＿＿

赛季后期训练

赛季后期的训练更多的是团队训练，但球员仍将继续训练个人技术。教练应该加入一些新的训练方法，试图保持训练课的新鲜感，并保持球员对训练的兴趣。反复训练是技术提升的关键。

赛季后期训练计划

日期：_____   时间：_____   训练编号：_____

热身运动（10分钟）

球员在底线排成4排。听到教练指令后，球员们跑向另一端的底线。在奔跑过程中，球员练习急停、转身、V形空切和跳步。

教学点

根据球员的能力水平调整热身运动中使用的技术。

四角传球和跳投（10分钟）

球员在球场的4个角排成4排，2个球在2个对应的角（一共4个球）。每排的第一名球员持一个球（投篮的2排），向前运几步球，然后把球传给在球场另一端的2排的第一名球员（传球的2排）。然后传球球员跟着传球向前奔跑，接一个回传球后投篮。球员投篮后，走到同侧的传球那排的末端，同时传回传球的球员拿下篮板球，将球传给球场同一端的对面角，然后移动到投篮那排的末端。目标是一分钟跳投15个。

教学点

- 投篮球员接球时，双脚应该处于合适的位置，做好投篮准备。
- 拿篮板球的球员应该把球传好。

每分钟40次全场左手上篮（10分钟）

将球队分成2组，在2个篮下（在底线左侧）排成2排。每排的前3名球员各持一个球。听到教练指令后，每排的第一名球员向球场另一端运球，用左手完成上篮。每次上篮后，队伍中第一名无球的球员拿下篮板球，上篮的球员走到队伍的末端。每当一名球员运球到达中场的时候，第二名球员跟上。要求球员记下他们的上篮次数，目标是每分钟上篮40次。

- 这是一项快速运球训练，所以球员应该在他们身前运球；鼓励球员在运球时抬起头，这样他们就能看见场上的形势。
- 根据球员的技术水平，你可能需要调整每分钟上篮40次的目标。

1对0和1对1防守滑步（10分钟）

将球员在底线分成3排。每排的第一名球员向另一端的底线进行防守滑步，每滑动3步转身一次。球员在掌握这个训练的窍门后，再将球员分成2人一组。一名球员从一端底线向另一端底线运球，用∨形运球和交叉步运球变向，另外一名球员是防守球员。防守球员应该进行滑步，使自己保持在运球球员前面，当进攻球员变向时，防守球员应该使用落步。

教学点

- 进攻球员应该放慢速度，让防守球员可以训练自己的脚步。
- 防守球员应该与进攻球员保持一臂距离，眼睛看着运球球员的腰部。

4对4激烈对抗（10分钟）

将球员在底线排成4排，每排的第一名球员是进攻球员，第二名球员是防守球员。进攻球员在场上面向篮筐。训练开始后，教练把球传给一名进攻球员。防守球员从底线开始移动，靠近进攻球员，进入防守姿势。进攻球员需要遵守以下规则：必须面向篮筐进入三威胁姿势，传球后必须移动，在接到传球直接得分后需要感谢传球的球员。如果进攻球员没能遵守其中任何一条规则，教练吹哨，进攻球员必须下场，走到队伍末尾。防守一方成为进攻一方，新上场的4名球员成为防守一方。训练持续一定的时间或一支球队得到一定的分数后，训练结束。投篮命中1次得1分。

教学点

- 球员必须立即执行规则规定的动作，如果没有，该队就出局。
- 可以加入其他的规则，例如限制进攻一方只能运两下球，或规定进攻一方必须在设置掩护或所有球员都触球后才可以投篮。

有控制的5对5训练比赛（10分钟）

将球队分成2队，5人一队，进行训练比赛。在训练中使用球员已经训练过的技术和战术。让球员先进行5对5半场比赛，在一方进球或投篮不中后，比赛转变成全场训练比赛。他们应该在球场的另一端停下来，再进行全场的5对5训练比赛。必要时替换球员。

教学点

- 必要时教练应该中断比赛，对比赛的进攻端或防守端进行讲解。
- 当进攻球队失去球权时，他们必须快速往回跑去防守球。

连续命中2个罚球（5分钟）

球员2人一组，站在罚球线。2名球员轮流投一个罚球，直到2人连续命中2个。

教学点

根据球员的能力水平，调整连续命中罚球的次数。

2人一组投篮（10分钟）

球员分成2人一组，每组持一个球。一名球员投篮，自己拿下篮板球，然后把球传给另一名球员投篮。每组球员按照这种方式继续训练一定的时间。

教学点

- 投篮球员应该移动到合适的投篮位置接球。
- 在投篮后，投篮球员应该在球掉到地板上之前把球拿到。

复习界外球战术（10分钟）

将球队分成5人一组，一组球员先上场训练。让每组球员在没有防守的情况下演示一遍界外球战术。然后在5对5有防守的情况下训练。

教学点

- 大多数界外球战术都是从盒子型的阵型开始，即4名球员在禁区的4个角。教练应该在采用界外球战术时都用相同的阵型。
- 球队应该在区域联防和人盯人防守的情况下练习界外球战术。

3对2和2对1全场训练（10分钟）

球员在球场一端排成3排。2名球员站在球场另一端，进入防守姿势，其中一名球员在罚球线，另一名球员在禁区中央。3名球员试图面对2名防守球员得分（3对2）；中间球员向场内运球，然后将球传给一名侧翼球员。在进攻一方投篮后，2名防守球员成为进攻球员，移动到球场另一端，刚才中间的进攻球员成为防守球员（2对1）。2名侧翼球员成为防守球员留在禁区，等待下一组3名进攻球员的进攻。

教学点

- 3名进攻球员在面对2名防守球员进攻时，他们在投篮前传球不可以超过3次。
- 2名进攻球员面对1名防守球员时，他们在投篮前传球不可以超过2次。

5对0进攻（10分钟）

根据你要教的进攻阵型，安排球员的进攻站位。例如，如果教1-2-2阵型，需要安排1名控球后卫、2名侧翼球员和2名内线球员。如果教2-1-2阵型，需要安排2名后卫、1名高位球员和2名底线或内线球员。在这项训练中，教球员如何通过进攻战术（包括空切和掩护等）得分。

教学点

- 教球员拉开适当的空间，以及如何在传球和空切后补位。
- 强调球员每次接球后都应该面向篮筐。

4分钟投篮（10分钟）

在这项训练中需要3名球员和2个球。2名球员各持一个球。一名持球的球员投篮，自己拿下篮板球，把球传给没有球的那名球员。第一名球员投篮后，另一名持球的球员立即投篮，自己拿下篮板球，然后传给没有球的球员（第一名投篮球员）。每次投篮后，球员重新落位，把球传给下一名投篮球员。训练4分钟，记下投篮命中数。

教学点

投篮球员必须拿下篮板球，传球，然后准备接球进行下一次投篮。

公告：_____

第14章

13~14岁球员训练计划

显 然，这一年龄组的球员最有经验，但教练有时候会犯忽视个人技术提高的错误。教练应该永远记住反复练习是提高技术的关键。每堂训练课的训练是提高个人和团队技术的关键。

在为13~14岁球员准备和执教训练课时，应该考虑到以下几点。

- 确保每次训练都至少有两个目的。
- 尽可能在每次训练中训练更多项的基本技术，尽管一次可能只强调1项技术。
- 在每次训练开始时说出你的期望，定下基调，不要对你的标准让步。
- 进行全场、四分之三场和半场训练。
- 强调在比赛条件下执行正确技术的重要性。
- 创造竞争，在每次训练中跟时间、对手和自己竞争。
- 对球员苛刻，要求球员正确执行基本技术。
- 让每名球员都表现出最佳水平。

指导女球员时的注意事项

安妮·伯恩，高中女子篮球队主教练

13~14岁的女孩即将进入高中，这正是她们加快比赛节奏的好时机。一年之后，她们即将打高中水平的比赛。这时候训练的关键词是"全面性"。如果一个孩子总是在禁区，她应该打打外线，学会面向篮筐进攻。后卫需要学习如何低位进攻，内线球员需要能够面向篮筐进攻。对于这个年龄段的女球员，教练应该鼓励她们走出舒适区，因为她们在下一个级别的比赛中可能会被要求打不同的位置（取决于周围的球员和她们的个人水平）。

对于这个年龄的球员，有控制的5对5全场比赛是一个可以同时训练多项技术的训练方法。球员开始理解如何对位、防守时的交流和打多个位置，当进行全场比赛时，你可以安排第三队在场边。教练同时可以教这些球员，包括如何设置掩护和利用掩护，如何根据防守球员的动作做出通过掩护后的选择（跑位或直接接球投篮）。这些概念将提高平均年龄在14岁的孩子的篮球智商，有助于加快比赛的节奏和提高球员的全面性。

13~14岁

赛季初期训练

赛季初期的训练应该包括复习教练认为重要的技术。赛季初期的训练课能让你知道球队的技术水平，以及在之后的训练课中哪些方面需要加强训练。在训练中做好笔记，为接下来的训练课做好准备。

赛季初期训练计划

日期：_____   时间：_____   训练编号：_____

热身运动（10分钟）

球员在底线排成4排。听到教练指令后，球员们跑向另一端的底线。在奔跑过程中，球员练习急停、转身、V形空切和跳步。

根据球员的能力水平调整热身运动中使用的技术。

运球-转身-传球（10分钟）

球员在边线排成若干排，每排不超过3人。第一名球员用右手向前运三下球后停住，然后执行后转身（也可以使用前转身），用胸前传球把球传给下一名球员。传球后球员走到队列的末端，下一名球员（接到传球的球员）向前运球，然后转身和传球。

教学点

- 向球员强调，他们在转身时应该膝盖弯曲，这样有利于传球。
- 根据球员的能力，在训练中可以使用击地传球和单手推传。

双线胸前、击地、头顶和棒球式传球（10分钟）

将球员分成2排，面对面站立。根据球员的能力，2排相隔的距离不少于禁区的宽度。一排的第一名球员持球，用胸前传球把球传给对面那排的第一名球员。球员跟着他的传球跑到对面那排的末端。训练继续进行，球员传球后跟随传球到对面一排。球员练习胸前传球后，用相同的训练方法练习击地、头顶和棒球式传球。

教学点

- 球员在传球时应该迈出一步，使传球更直接。
- 为了帮助交流，球员应该喊出他们传球目标队友的名字。

形式投篮（10分钟）

球员站在离篮筐2~3英尺（0.6~0.9米）的位置，把球放在一只手上。球员弯曲膝盖，用一只手投篮。这项训练帮助球员提高投篮的基本功。

教学点

- 投篮手臂应该举到肩膀的高度，当单手投篮时手臂不应该往下沉。
- 球员必须注意，不可像抓棒球或网球一样抓篮球，篮球应该放在手掌上。

进攻侧翼移动（10分钟）

球员在篮下的禁区排成2排，面对在罚球区顶端持球的教练。听到教练指令后，一排的第一名球员迈步到禁区，对一名想象中的球员做一个V形空切，然后跑到侧翼的空位。教练把球传到该球员的外侧手上，接球后，球员面向篮筐，把非投篮脚设置中枢脚（对于右手投篮球员来说，左脚是中枢脚）。在面向篮筐后，球员向篮筐移动，运一两下球后投篮。球员自己拿下篮板球，然后把球传给教练，走到另一排的末尾。

教学点

- 中枢脚总是同一只脚。
- 第三排球员可以代替教练传球。

3对0快攻（10分钟）

球员在篮下排成3排。中间一排的第一名球员持一个球。训练开始后，该球员把球扔向篮板，自己拿下篮板球，把球传到球场左侧或右侧，然后再跟随接球的球员，后者向球场中路运球，同时另外一名球员在球场另一侧奔跑，3名球员同时下快攻，球员把球传给一名侧翼球员，后者完成上篮。球员应该交换位置，让球可以练习不同的位置。

教学点

最后一次传球应该是从禁区外向侧翼传球，使侧翼球员接球上篮更容易。

大量防守滑步（5分钟）

所有球员围绕教练形成分散的阵型，让所有球员都可以看见教练。所有球员听教练指令，或跟随教练的动作，进入防守姿势，然后再向左或向右滑步，保持膝盖弯曲，双手举过腰部。

教学点

- 这是一个跟随领队一起训练的好时机。让一名球员站在球队的前面，带领其他球员一起进行防守滑步训练。
- 教练应该确保球员在滑步时双腿不交叉或并拢。球员应该先迈出一步，然后再带动另一侧的脚和腿。

2对2协防（10分钟）

球员在三分线外的2个侧翼排成2排。在2对2的情况下，一名防守球员防守一名进攻球员。训练开始后，一名侧翼球员向在对面侧翼的队友传球。当球从一边侧翼传到另一边侧翼时，第一名侧翼球员的防守球员从防守持球的第一名侧翼球员移动到协防一侧的篮筐线（想象一条连接2个篮筐的线），其队友成为防守球员。在训练一定的时间后，后面的2名球员上场，充当进攻球员，进攻球员换到防守一方，防守球员下场，走到两队的末尾。

教学点

- 第一名防守球员必须快速冲刺到篮筐线，进入正确的防守位置，从而能看见球和他防守的球员。
- 当进攻球员接球时，第二名防守球员快速向他移动，防守球员应该高举双手，补防进攻球员投篮。

4对4防守跑位（10分钟）

4名球员进攻，4名球员防守。进攻球队包括2名在禁区三分线外的后卫、2名侧翼球员。一名防守球员防守一名进攻球员，其他球员站在中场，排成4排。训练开始后，一名后卫给一名侧翼球员传球。根据教练的观察，进攻球员每次传球时，防守球员必须调整防守位置，使他们处于正确的协防或主防球的位置。听到教练指令后，进攻一方继续将球从一边侧翼传到另一边侧翼，防守球员根据每次传球调整防守位置。在训练一定的时间后，下一组4名球员上场成为进攻球队，之前的进攻球员成为防守球员，之前的防守球员走到每排的末端。

教学点

- 当球处于球场的另一侧时，防守球员应处于协防位置。他们应该将一只手指向球，另一只手指向他们负责防守的进攻球员，这样他们就不会忽视任何一方。
- 当球在空中时防守球员就必须移动，这样当进攻球员接住球时防守球员就能处于适当的防守位置。教练可能需要喊出"传球"，这样防守球员就相应地调整他们的防守位置。

2对1半场快攻（10分钟）

球员在底线排成3排。听到教练指令后，前3名球员向半场奔跑。中间的球员是防守球员，到中场后往回奔跑，进入防守姿势。教练把球传给场上的一名进攻球员，2名进攻球员在2对1的情况下投篮。

- 进攻球员应该仅用一次传球便找到好的投篮机会。
- 在2对1的情况下，进攻球员大多数时候用击地传球。

3对2半场快攻（10分钟）

球员在底线排成5排。听到教练指令后，前5名球员跑向中场。中间球员和最外侧的2名球员是进攻球员，另外2名球员是防守球员，他们俩往回跑。教练把球传给在中场的中间球员，进攻球员在3对2的情况下攻击篮筐。

教学点

- 进攻球员应该试图只用2次传球得分。
- 中间球员把球传给一个侧翼球员，该球员应该跑到传球一侧的罚球线肘区，等待队友可能的回传球。

7定点投篮，每个投篮点命中2球（10分钟）

在球场上选7个点，用胶带标记。将球员分成2人一组，每组持一个球。第一名球员在第一个点投篮，自己拿下篮板球，然后把球传给搭档，后者在相同点投篮。在该点总共命中2个投篮后，这组球员移动到下一个投篮点。球员必须在每个投篮点命中2个后这项训练才结束。

教学点

- 强调投篮球员在接传球时必须做好准备，双手和双脚处于正确的位置。
- 这项训练可以稍做改变，球员在移动到下一个投篮点前的投篮次数可以任意设定，或要求他们连续投篮命中若干个后再移动到下一个投篮点。
- 可以加入时间限制，在这种情况下，球员在规定的时间内尽可能多地投篮。

公告：＿＿＿＿＿＿＿＿＿＿＿＿＿＿＿＿＿＿＿＿＿＿＿＿＿＿＿＿＿＿＿

赛季中期训练

赛季中期训练课是赛季初期训练课的延续，但是训练会更具竞争性，会加入更多的团队训练。在这一阶段，教练可能需要加入更多的团队进攻战术，球员需要多花时间训练，才能完全完美地执行这些战术。

赛季中期训练计划1

日期：_____　　　时间：_____　　　训练编号：_____

热身运动（10分钟）

球员在底线排成4排。听到教练指令后，球员们跑向另一端的底线。在奔跑过程中，球员练习急停、转身、V形空切和跳步。

教学点

根据你的球员的能力水平调整热身运动中使用的技术。

运球－转身－传球（10分钟）

球员在边线排成若干排，每排不超过3人。第一名球员用右手向前运三下球后停住，然后执行后转身（也可以使用前转身），用胸前传球把球传给下一名球员。传球后球员走到队列的末端，下一名球员（接到传球的球员）向前运球，然后转身和传球。

教学点

- 向球员强调，他们在转身时应该膝盖弯曲，这样有利于传球。
- 根据球员的能力，在训练中可以使用击地传球和单手推传。

每分钟50次全场右手上篮（10分钟）

将球队分成2组，在2个篮下（在底线右侧）排成2排。每排的前3名球员各持一个球。听到教练指令后，每排的第一名球员向球场另一端运球，用右手完成上篮。每次上篮后，队伍中第一名无球的球员拿下篮板球，上篮的球员走到队伍的末端。每当一名球员运球到达中场的时候，第二名球员跟上。要求球员记下他们的上篮次数，目标是每分钟上篮50次。

教学点

- 这是一项快速运球训练，所以球员应该在他们身前运球；鼓励球员在运球时抬起头，这样他们就能看见场上的形势。
- 根据球员技术的水平，你可能需要调整每分钟上篮50次的目标。

2人一组投篮（10分钟）

球员分成2人一组，每组持一个球。一名球员投篮，自己拿下篮板球，然后把球传给另一名球员投篮。每组球员按照这种方式继续训练一定的时间。

教学点

- 投篮球员应该移动到合适的投篮位置接球。
- 在投篮后，投篮球员应该在球掉到地板上之前把球拿到。

进攻侧翼移动（10分钟）

球员在篮下的禁区排成2排，面对在罚球区顶端持球的教练。听到教练指令后，一排的第一名球员迈步到禁区，对一名想象中的球员做一个∨形空切，然后跑到侧翼的空位。教练把球传到该球员的外侧手上，接球后，球员面向篮筐，把非投篮脚设置中枢脚（对于右手投篮球员来说，左脚是中枢脚）。在面向篮筐后，球员向篮筐移动，运一两下球后投篮。球员自己拿下篮板球，然后把球传给教练，走到另一排的末尾。

教学点

- 中枢脚总是同一只脚。
- 第三排球员可以代替教练传球。

5对0抢篮板球后快攻（10分钟）

5名球员站在禁区。教练投篮，球员抢下篮板球后向球场另一端奔跑发动5对0快攻。拿下篮板球的球员把球传给后卫，2名侧翼球员沿着2个外道快下，中锋跑到对面禁区，前锋在最后跟上，在罚球线停住。

教学点

一传应该在拿下篮板球的球员所处禁区外的一侧。

大量防守滑步（5分钟）

所有球员围绕教练形成分散的阵型，让所有球员都可以看见教练。所有球员听教练指令，或跟随教练的动作，进入防守姿势，然后再滑步，保持膝盖弯曲，双手举过腰部。

教学点

- 这是一个跟随领队一起训练的好时机。让一名球员站在球队的前面，带领其他球员一起进行防守滑步训练。

- 教练应该确保球员在滑步时双腿不交叉或并拢。球员应该先迈出一步，然后再带动另一侧的脚和腿。

2对2协防（10分钟）

球员在三分线外的2个侧翼排成2排。在2对2的情况下，一名防守球员防守一名进攻球员。训练开始后，一名侧翼球员向对面侧翼的队友传球。当球从一边侧翼传到另一边侧翼时，第一名侧翼球员的防守球员从防守持球的第一名侧翼球员移动到协防一侧的篮筐线（想象一条连接2个篮筐的线），其队友成为防守球员。在训练一定的时间后，后面的2名球员上场，充当进攻球员，进攻球员换到防守一方，防守球员下场，走到两队的末尾。

教学点
- 第一名防守球员必须快速冲刺到篮筐线，进入正确的防守位置，从而能看见球和他防守的球员。
- 当进攻球员接球时，第二名防守球员快速向他移动，防守球员应该高举双手，补防进攻球员投篮。

4对4防守跑位（10分钟）

4名球员进攻，4名球员防守。进攻球队包括2名在禁区三分线外的后卫、2名侧翼球员。一名防守球员防守一名进攻球员，其他球员站在中场，排成4排。训练开始后，一名后卫给一名侧翼球员传球。根据教练的观察，进攻球员每次传球时，防守球员必须调整防守位置，使他们处于正确的协防或主防球的位置。听到教练指令后，进攻一方继续将球从一边侧翼传到另一边侧翼，防守球员根据每次传球调整防守位置。在训练一定的时间后，下一组4名球员上场成为进攻球队，之前的进攻球员成为防守球员，之前的防守球员移走到每排的末端。

教学点
- 当球处于球场的另一侧时，防守球员应处于协防位置。他们应该将一只手指向球，另一只手指向他们负责防守的进攻球员，这样他们就不会忽视任何一方。
- 当球在空中时防守球员就必须移动，这样当进攻球员接住球时防守球员就能处于正确的防守位置。教练可能需要喊出"传球"，这样防守球员可相应地调整他们的防守位置。

3对2和2对1全场训练（10分钟）

球员在球场一端排成3排。2名球员站在球场另一端，进入防守姿势，其中一名球员在罚球线，另一名球员在禁区中央。3名球员试图面对2名防守球员得分（3对2）；中间球员向场内运球，然后将球传给一名侧翼球员。在进攻一方投篮后，2名防守球员成为进攻球员，移动到球场另一端，刚才中间的进攻球员成为防守球员（2对1）。2名侧翼球员成为防守球员留在禁区，等待下一组3名进攻球员的进攻。

教学点

- 3名进攻球员在面对2名防守球员进攻时，他们在投篮前传球不可以超过3次。
- 2名进攻球员面对1名防守球员时，他们在投篮前传球不可以超过2次。

5对0进攻（10分钟）

根据你要教的进攻阵型，安排球员的进攻站位。例如，如果教1-2-2阵型，需要安排1名控球后卫、2名侧翼球员和2名内线球员。如果教2-1-2阵型，需要安排2名后卫、1名高位球员和2名底线或内线球员。在这项训练中，教球员如何通过进攻战术（包括空切和掩护等）得分。

教学点

- 教球员拉开适当的空间，以及如何在传球和空切后补位。
- 强调球员每次接球后都应该面向篮筐。

连续命中2个罚球（10分钟）

球员2人一组，站在罚球线。2名球员轮流投一个罚球，直到2人连续命中2个。

教学点

根据球员的能力水平，调整连续命中罚球的次数。

公告：_____

赛季中期训练计划2

日期：_____   时间：_____   训练编号：_____

热身运动（10分钟）

球员在底线排成4排。听到教练指令后，球员们跑向另一端的底线。在奔跑过程中，球员练习急停、转身、V形空切和跳步。

根据球员的能力水平调整热身运动中使用的技术。

运两个球（10分钟）

球员分成2人一组，沿着一条边线站立。每组的第一名球员持2个球，该球员从一条边线向另一条边线同时运2个球。然后，把球给搭档，后者继续这项训练。

教学点

- 球员在同时运2个球时应该保持头部抬起，而不应该看着球。
- 球员在训练同时运2个球后，他们可以训练交替运2个球。他们也可以运低球或高球，或者运一个低球后再运一个高球，然后换手。

每分钟50次全场左手上篮（10分钟）

将球队分成2组，在2个篮下（在底线左侧）排成2排。每排的前3名球员各持一个球。听到教练指令后，每排的第一名球员向球场另一端运球，用左手完成上篮。每次上篮后，队伍中第一名无球的球员拿下篮板球，上篮的球员走到队伍的末端。每当一名球员运球到达中场的时候，第二名球员跟上。要求球员记下他们的上篮次数，目标是每分钟上篮50次。

教学点

- 这是一项快速运球训练，所以球员应该在他们身前运球；鼓励球员在运球时抬起头，这样他们就能看见场上的形势。
- 根据球员技术的水平，你可能需要调整每分钟上篮50次的目标。

提高弱手（10分钟）

球员在场上分成2人一组。每组2名球员只用弱手来回相互传球。球员应该把他们的强手背在身后。

教学点

球员应该用不同的方式传球，如胸前传球、击地传球和棒球式传球。

卡位转身（10分钟）

球员在底线排成若干排，每名球员各自持球。听到教练指令，每排的第一名球员把球向罚球线旋转出去，然后自己接球，再做以下动作。

- 落步上篮：快速移动、双脚跳停、落步、运一下球上篮。

- 内侧转身和跳投：快速移动、双脚跳停、假动作、落步、内转身、跳投。
- 内转身到跳投假动作和交叉步运球：快速移动、双脚跳停、假动作、内转身、交叉步运球一次。
- 后转身接跳投：快速移动、双脚跳停、后转身、跳投。
- 后转身接外转身，将球从身体一侧快速移动到另一侧：快速移动、双脚跳停、用外侧脚后转身、把球移动到外侧。
- 后转身和外侧脚转身假动作，然后交叉步运球：快速移动、双脚跳停、外侧脚后转身、假动作、交叉步运球。

在做完每套动作后，球员应该自己拿下篮板球，然后回到队伍末尾。

教学点

- 球员每次停住时都应该用跳步。
- 球员在转身时应该降低重心，保持平衡。

5对0抢篮板球后快攻（10分钟）

5名球员站在禁区。教练投篮，球员抢下篮板球后向球场另一端奔跑发动5对0快攻。拿下篮板球的球员把球传给后卫，2名侧翼球员沿着2个外道快下，中锋跑到对面禁区，前锋在最后跟上，在罚球线停住。

教学点

一传应该在拿下篮板球的球员所处禁区外的一侧。

1对1防守滑步（5分钟）

将球员分成2人一组，一名球员进攻，另一名球员防守。进攻球员面对防守球员向另一端底线运球，用V形运球和交叉步运球改变方向。防守球员应该用滑步，使自己保持在运球球员前面，当进攻球员变向时，防守球员应该使用落步。

教学点

- 防守球员的头的位置应该低于进攻球员的肩膀。防守球员应该膝盖弯曲，从而能快速移动。
- 防守球员应该与运球球员保持一臂距离，手臂向外张开，眼睛看着运球球员的腰部。

一名防守球员尾随的3对2快攻（10分钟）

将球队在底线分成3队，3名球员在罚球线面对他们。训练开始后，教练把球传给在底线的一名球员，罚球线的一名球员跑到底线，同时其他球员向球场另一端奔跑，进行3对2训练。跑到底线的球员是跟随球员，他随后加入训练，然后进行3对3训练。

教学点

- 在第三名防守球员跟上来防守之前，另外2名球员应该交流谁负责防守球。
- 当进攻一方有3打2的优势时，他们应该试图得分。

4对4防守跑位（10分钟）

4名球员进攻，4名球员防守。进攻球队包括2名在禁区三分线外的后卫、2名侧翼球员。一名防守球员防守一名进攻球员，其他球员站在中场，排成4排。训练开始后，一名后卫给一名侧翼球员传球。根据教练的观察，进攻球员每次传球时，防守球员必须调整防守位置，使他们处于正确的协防或主防球的位置。听到教练指令后，进攻一方继续将球从一边侧翼传到另一边侧翼，防守球员根据每次传球调整防守位置。在训练一定的时间后，下一组4名球员上场成为进攻队，之前的进攻球员成为防守球员，之前的防守球员走到每排的末端。

教学点

- 当球处于球场的另一侧时，防守球员应处于协防位置。他们应该将一只手指向球，另一只手指向他们负责防守的进攻球员，这样他们就不会忽视任何一方。
- 当球在空中时防守球员就必须移动，这样当进攻球员接住球时防守球员就能处于适当的防守位置。教练可能需要喊出"传球"，这样防守球员可相应地调整他们的防守位置。

3对2和2对1全场训练（10分钟）

球员在球场一端排成3排。2名球员站在球场另一端，进入防守姿势，其中一名球员在罚球线，另一名球员在禁区中央。3名球员试图面对2名防守球员得分（3对2）；中间球员向场内运球，然后将球传给一名侧翼球员。在进攻一方投篮后，2名防守球员成为进攻球员，移动到球场另一端，刚才中间的进攻球员成为防守球员（2对1）。2名侧翼球员成为防守球员留在禁区，等待下一组3名进攻球员的进攻。

- 3名进攻球员在面对2名防守球员进攻时,他们在投篮前传球不可以超过3次。
- 2名进攻球员面对1名防守球员时,他们在投篮前传球不可以超过2次。

5对0进攻(10分钟)

根据你要教的进攻阵型,安排球员的进攻站位。例如,如果教1-2-2阵型,需要安排1名控球后卫、2名侧翼球员和2名内线球员。如果教2-1-2阵型,需要安排2名后卫、1名高位球员和2名底线或内线球员。在这项训练中,教球员如何通过进攻战术(包括空切和掩护等)得分。

教学点

- 教球员拉开适当的空间,以及如何在传球和空切后补位。
- 强调球员每次接球后都应该面向篮筐。

连续命中2个罚球(10分钟)

球员2人一组,站在罚球线。2名球员轮流投一个罚球,直到2人连续命中2个。

教学点

根据球员的能力水平,调整连续命中罚球的次数。

公告:_____

赛季中期训练计划3

日期:_____   时间:_____   训练编号:_____

热身运动(10分钟)

球员在底线排成4排。听到教练指令后,球员们跑向另一端的底线。在奔跑过程中,球员练习急停、转身、V形空切和跳步。

教学点

根据球员的能力水平调整热身运动中使用的技术。

每分钟50次全场右手上篮(10分钟)

将球队分成2组,在2个篮下(在底线右侧)排成2排。每排的前3名球员各持一个球。听到教练指令后,每排的第一名球员向球场另一端运球,用右手完成上篮。每次上篮后,队伍中第一名无球的球员拿下篮板球,上篮的球员走到队伍的末端。每当一名球员运球到达中场的时候，第二名球员跟上。要求球员记下他们的上篮次数，目标是每分钟上篮50次。

教学点

- 这是一项快速运球训练，所以球员应该在他们身前运球；鼓励球员在运球时抬起头，这样他们就能看见场上的形势。
- 根据球员技术的水平，你可能需要调整每分钟上篮50次的目标。

四角传球和跳投（10分钟）

球员在球场的4个角排成4排，2个球在2个对应的角（一共4个球）。每排的第一名球员持一个球（投篮的2排），向前运几步球，然后把球传给在球场另一端的2排的第一名球员（传球的2排）。然后传球球员跟着传球向前奔跑，接一个回传球后投篮。球员投篮后，走到同侧的传球那排的末端，同时传回传球的球员拿下篮板球，将球传给球场同一端的另外一个角，然后移动到投篮那排的末端。目标是一分钟跳投15个。

教学点

- 投篮球员接球时，双脚应该处于合适的位置，做好投篮准备。
- 拿篮板球的球员应该把球传好。

5球投篮、上篮，两人跳投（10分钟）

球员在球场4个角排成4排。在球场一端，一名球员持球站在底线中间。该球员和在球场同一端2排的第一名球员向球场另一端奔跑，在奔跑时传2次球，最后由一名球员完成上篮。在第三名球员上篮后，2名传球球员（包括中间球员）各接到来自球场另一端的传球后跳投。上篮的球员自己拿下篮板球，然后转身，把球传出，然后与前2名球员（刚刚传球和跳投的2名球员）向球场另一端奔跑。这3名再次传2个球，然后一名球员上篮，2名球员跳投，训练继续。目标是在1分钟内投篮22次。

教学点

- 训练开始后，一传必须快而精准。
- 应该在禁区外的8英尺（约2.4米）跳投。
- 可以根据球员的水平调整目标。

完美上篮（10分钟）

球员在底线排成3排。左边一排的第一名球员持一个球（下次也可以让右边一排的第一名球员持球）。3名球员向球场另一端奔跑，在奔跑的过程中相互传球。左边的球员把球传给中间球员，中间球员再把球传给左边球员；左边球员再一次把球传给中间球员，后者再用击地传球把球传给右侧球员上篮。这名球员朝另一个方向继续训练，把球传回给右边一排的下一名球员，后者也继续训练。对于年龄稍大的球员，目标是一分钟得25分；球员每一次完美上篮（球不碰到篮圈）得2分，普通上篮得1分。

教学点

- 传球必须直接干脆。
- 25分的目标可以根据球员的技术水平进行调整。

双线抢篮板球（10分）

球员在罚球线肘区排成2排。教练投篮，前2名球员抢篮板球。抢到篮板球的球员试图投篮，另外一名球员防守他。

教学点

除非是恶意犯规，一般犯规教练不吹罚；球员需要在防守压力下抢篮板球和投篮。

1对1对1抢篮板球（5分钟）

球员在底线排成一排。训练开始后教练投篮，3名球员同时抢篮板球。抢到篮板球的球员试图得分。无论投篮命中与否，都当作没有命中。投篮后3名球员再一次抢篮板球，然后试图得分。一名球员得到3分后，他走到底线那排球员的末尾，下一名球员再轮换上场。训练继续进行，直到所有球员都得到3分。

教学点

- 球员必须在面对2名防守球员的防守压力下强力投篮。
- 如果球落到地板上或落到禁区外，球变成死球，教练重新投篮。

一名防守球员尾随的5对4快攻（10分钟）

将球队在底线分成5队，5名球员在罚球线面对他们。训练开始后，教练把球传给在底线的一名球员，罚球线的一名球员跑到底线，同时其他球员向球场另一端奔跑，进行5对4训练。跑到底线的球员是跟随球员，他随后加入训练，然后进行5对5训练。

- 进攻球员应该攻击4名防守球员，试图在第五名防守球员参与训练之前完成快攻得分。
- 防守一方需要先把球停下来，延缓进攻球队推进，直到第五名防守球员跟上。

4对4攻防转换（10分钟）

8名球员在半场进行4对4训练。球员在球场两端的底线排成3排。4名球员进攻，一名球员投篮后，无论命中与否，一名防守球员抢下篮板球，与每排的第一名球员一起向另一个半场发动快攻，同时4名进攻球员变成防守球员。另外3名防守走到每排的末尾。按照这种模式训练一定的时间。

教学点

- 球员从进攻转换成防守时必须快速回防，与队友交流谁主防球，谁协防。
- 进攻球员在向球场另一端发动快攻时必须填补快攻路线。

有控制的5对5半场训练（10分钟）

球员进行5对5有控制的半场训练比赛。进攻球员应该训练进攻阵型。教练进行相应的球员替换。

教学点

- 这项训练可以转换成5对5全场训练比赛，球队可以训练攻防转换。
- 教练可以利用这项训练教球员进攻。

5次球权5对5（10分钟）

这是一个5对5的全场训练，每支球队拥有5次球权。记录得分，在5次球后，获胜的球队留在场上，输了的球队被替换下场。

教学点

- 用跳球开始，让球员练习跳球。
- 这项训练让球员在比赛条件的情形下练习。

连续命中2个罚球（10分钟）

球员2人一组，站在罚球线。2名球员轮流投一个罚球，直到2人连续命中2个。

根据球员的能力水平，调整连续命中罚球的次数。

公告：_____

赛季后期训练

对于这个年龄组，赛季后期的训练也是要包括能够提高球员个人技术的团队训练。团队进攻和防守是训练课的主要内容，包括3对3、4对4和5对5训练。对于这个年龄组，赛季后期的训练课中包含更多的竞争性训练是有益的。

赛季后期训练计划

日期：_____　　　时间：_____　　　训练编号：_____

热身运动（10分钟）

球员在底线排成4排。听到教练指令后，球员们跑向另一端的底线。在奔跑过程中，球员练习急停、转身、Ｖ形空切和跳步。

教学点

根据球员的能力水平调整热身运动中使用的技术。

四角传球和跳投（10分钟）

球员在球场的4个角排成4排，2个球在2个对应的角（一共4个球）。每排的第一名球员持一个球（投篮的2排），向前运几步球，然后把球传给在球场另一端的2排的第一名球员（传球的2排）。然后传球球员跟着传球向前奔跑，接一个回传球后投篮。球员投篮后，走到同侧的传球那排的末端，同时传回传球的球员拿下篮板球，将球传给球场同一端的对面角，然后移动到投篮那排的末端。目标是一分钟跳投15个。

教学点

- 投篮球员接球时，双脚应该处于合适的位置，做好投篮准备。
- 拿篮板球的球员应该把球传好。

每分钟50次全场左手上篮（10分钟）

将球队分成2组，在2个篮下（在底线左侧）排成2排。每排的前3名球员各持一个球。听到教练指令后，每排的第一名球员向球场另一端运球，用左手完成上篮。每次上篮后，队伍中第一名无球的球员拿下篮板球，上篮的球员走到队伍的末端。每当一名球员运球到达中场的时候，第二名球员跟上。要求球员记下他们的上篮次数，目标是每分钟上篮50次。

教学点

- 这是一项快速运球训练，所以球员应该在他们身前运球；鼓励球员在运球时抬起头，这样他们就能看见场上的形势。
- 根据球员技术的水平，你可能需要调整每分钟上篮50次的目标。

4对4激烈对抗（10分钟）

将球员在底线排成4排，每排的第一名球员是进攻球员，第二名球员是防守球员。进攻球员在场上面向篮筐。教练将球传给一名进攻球员，训练开始。防守球员从底线开始移动，靠近进攻球员，进入防守姿势。进攻球员需要遵守以下规则：必须面向篮筐进入三威胁姿势，传球后必须移动，在接到传球直接得分后需要感谢传球的球员。如果进攻球员没能遵守其中任何一条规则，教练吹哨，进攻球员必须下场，走到队伍末尾。防守一方成为进攻一方，新上场的4名球员成为防守一方。训练持续一定的时间或一支球队得到一定的分数后，训练结束。每次投篮命中1次得1分。

教学点

- 球员必须立即执行规则规定的动作，如果没有，该队就出局。
- 可以加入其他的规则，例如限制进攻一方只能运两下球，或规定进攻一方必须在设置掩护或所有球员都触球后才可以投篮。

5对5全场紧逼（10分钟）

这是一项有控制的5对5训练，可以让球员练习应对紧逼防守。防守一方在比赛中使用压迫式防守。防守球员用这种防守方式防守进攻球队。进攻球队试图突破紧逼防守得分。进攻球员突破防守投篮后，训练重新开始，场上的这10名球员不变。在重复了四五次后，替换球队，让所有球员都有机会练习突破紧逼防守。

教学点

在两次重复练习的间隔，教练可以向球员提供具体的反馈和教学点。

有控制的5对5训练比赛（10分钟）

将球队分成2队，5人一队，进行训练比赛。在训练中使用球员已经训练过的技术和战术。让球员先进行5对5半场比赛，在一方进球或投篮不中后，比赛转变成全场训练比赛。他们应该在球场的另一端停下来，再进行全场的5对5训练比赛。必要时替换球员。

教学点

- 必要时教练应该中断比赛，对比赛的进攻端或防守端进行讲解。
- 当进攻球队失去球权时，他们必须快速往回跑去防守球。

连续命中2个罚球（5分钟）

球员2人一组，站在罚球线。2名球员轮流投一个罚球，直到2人连续命中2个。

教学点

根据球员的能力水平，调整连续命中罚球的次数。

4对4防守跑位轮转（10分钟）

4名球员进攻，4名球员防守。进攻球队包括2名在禁区三分线外的后卫、2名侧翼球员。一名防守球员防守一名进攻球员，其他球员站在中场，排成4排。训练开始后，一名后卫给一名侧翼球员传球。根据教练的观察，进攻球员每次传球时，防守球员必须调整防守位置，使他们处于正确的协防或主防球的位置。听到教练指令后，进攻一方继续将球从一边侧翼传到另一边侧翼，防守球员根据每次传球调整防守位置。进攻球队运球突破到底线，面对突破球员的防守球员应该从禁区轮转出来，阻挡运球球员向底线突破。在中场的4名球员开始进攻，进攻球员成为防守球员，防守球员走到每排的末尾。

教学点

- 防守球员应该保持正确的防守姿势，弯曲膝盖，快速向球移动。
- 当球处于球场的另一侧时，防守球员应处于协防位置。他们应该将一只手指向球，另一只手指向他们负责防守的进攻球员，这样他们就不会忽视任何一方。

复习界外球战术（10分钟）

将球队分成5人一组，一组球员先上场训练。让每组球员在没有防守的情况下演示一遍界外球战术。然后在5对5有防守的情况下训练。

- 球队应该在区域联防和人盯人防守的情况下练习界外球战术。
- 球队应该练习从篮筐两侧及边线的发起界外球战术。

3对2和2对1全场训练（10分钟）

球员在球场一端排成3排。2名球员站在球场另一端，进入防守姿势，其中一名球员在罚球线，另一名球员在禁区中央。3名球员试图面对2名防守球员得分（3对2）；中间球员向场内运球，然后将球传给一名侧翼球员。在进攻一方投篮后，2名防守球员成为进攻球员，移动到球场另一端，刚才中间的进攻球员成为防守球员（2对1）。2名侧翼球员成为防守球员留在禁区，等待下一组3名进攻球员的进攻。

教学点

- 3名进攻球员面对2名防守球员进攻时，他们在投篮前传球不可以超过3次。
- 2名进攻球员面对1名防守球员时，他们在投篮前传球不可以超过2次。

5对0进攻（10分钟）

根据你要教的进攻阵型，安排球员的进攻站位。例如，如果教1-2-2阵型，需要安排1名控球后卫、2名侧翼球员和2名内线球员。如果教2-1-2阵型，需要安排2名后卫、1名高位球员和2名底线或内线球员。在这项训练中，教球员如何通过进攻战术（包括空切和掩护等）得分。

教学点

- 教球员拉开适当的空间，以及如何在传球和空切后补位。
- 强调球员每次接球后都应该面向篮筐。

4分钟投篮（10分钟）

在这项训练中需要3名球员和2个球。2名球员各持一个球。一名持球的球员投篮，自己拿下篮板球，把球传给没有球的那名球员。第一名球员投篮后，另外一名持球的球员立即投篮，自己拿下篮板球，然后传给没有球的球员（第一名投篮球员）。每次投篮后，球员重新落位，把球传给下一名投篮球员。训练4分钟，记下投篮命中数。

教学点

投篮球员必须拿下篮板球，传球，然后准备接球进行下一次投篮。

公告：＿＿＿

附录

清单和表格

此附录包含了前面讲到的清单和表格。你可以根据你的篮球教学项目的要求利用这些清单和表格。

请每年都重新审阅所有的清单和表格。所有的涉及法律条款的表格都应该由你的法律顾问和保险经纪人评估，确保这些表格反映了你的训练项目，也符合国家/地区和当地法律。

设施和装备清单

❏ 通往体育馆的楼梯和走廊照明设施完好。

❏ 楼梯和走廊没有障碍物。

❏ 楼梯和走廊维修完好。

❏ 安全出口照明良好，容易找到。

❏ 出口没有障碍物。

❏ 支架和突出物用软垫包好，包括篮筐标准和立柱。

❏ 墙上没有凸出物。

❏ 窗户在墙上较高的位置。

❏ 墙上的插座和开关安装良好，保护得当。

❏ 电灯有灯罩。

❏ 训练和比赛区域的灯光充足。

❏ 体育馆的空调系统能够正常工作，并得到定期维护。

❏ 通风管道、散热器和水管都被隔开，并能承受高冲击。

❏ 用坚固的罩子罩住抗干扰的恒温控制器。

❏ 如果有一条突出的跑道，这条跑道应该用一个不低于3英尺6英寸（约1米）的围栏保护住。

❏ 跑道有方向指示标。

❏ 跑道上没有障碍物。

❏ 跑道使用规则已贴好。

❏ 跑道上光线或灯光充足。

❏ 体育馆的设备在每次使用前都已检查一遍。

❏ 体育馆得到有效的管理。

❏ 观众区设计合理，可以防止小孩跑到训练和比赛区。

❏ 为了防止安全隐患和结构缺陷，每年都检查体育馆（包括地板、屋顶、墙面、灯固定架等）。

❏ 火警警报器能够正常使用。

❏ 灭火器在有效期内，并标记最后一次检查时间。

❏ 在火灾发生时，有明显的疏散方向指示。

资料来源说明：From American Sport Education Program, 2012, Coaching youth basketball, 5th ed. (Champaign, IL: Human Kinetics).

知情同意书

　　我特此同意＿＿＿＿＿＿参加从＿＿＿＿＿＿开始的＿＿＿＿＿＿运动赛季。另外，如果我的孩子受伤或生病，在医护人员认为有必要实施治疗的情况下，我授权学校或俱乐部对我的孩子进行紧急治疗。此授权只有在我无法被联系上的情况下才有效。

父母或监护人：＿＿＿＿＿＿＿＿＿＿＿＿＿＿＿＿＿＿＿＿＿＿＿＿＿＿＿＿＿＿＿＿＿

地址：＿＿＿＿＿＿＿＿＿＿＿＿＿＿＿＿＿＿＿　电话：（　　）＿＿＿＿＿＿＿＿＿＿＿

手机：（　　）＿＿＿＿＿＿＿＿＿＿＿＿＿＿＿＿＿＿＿＿＿＿＿＿＿＿＿＿＿＿＿＿＿

其他紧急联系人：＿＿＿＿＿＿＿＿＿＿＿＿＿＿＿＿＿＿＿＿＿＿＿＿＿＿＿＿＿＿＿＿

与孩子的关系：＿＿＿＿＿＿＿＿＿＿＿＿＿＿＿　电话：（　　）＿＿＿＿＿＿＿＿＿＿

家庭医生：＿＿＿＿＿＿＿＿＿＿＿＿＿＿＿＿＿　电话：（　　）＿＿＿＿＿＿＿＿＿＿

医疗状况（如过敏和慢性病）：＿＿＿＿＿＿＿＿＿＿＿＿＿＿＿＿＿＿＿＿＿＿＿＿＿＿

＿＿

＿＿

＿＿

　　我和我的孩子了解参加＿＿＿＿＿＿＿是一项有潜在危险的活动。我设想了所有参加这项运动可能出现的风险，包括但不限于摔倒、与其他参与者碰撞、天气和交通影响，以及其他参与这项运动合理条件下可能产生的风险。我和我的孩子已知晓和了解所有我的孩子可能会遇到的风险。

　　我们理解这份知情同意书，并且同意其条款。

孩子签名：＿＿＿＿＿＿＿＿＿＿＿＿＿＿＿＿＿＿＿　日期：＿＿＿＿＿＿＿＿＿＿＿＿＿

父母或监护人签名：＿＿＿＿＿＿＿＿＿＿＿＿＿＿＿　日期：＿＿＿＿＿＿＿＿＿＿＿＿＿

资料来源说明：From American Sport Education Program, 2012, Coaching youth basketball, 5th ed. (Champaign, IL: Human Kinetics). Adapted, by permission, from M. Flegel, 2008, Sport first aid, 4th ed. (Champaign, IL: Human Kinetics), 15.

伤病报告表

日期:_____　时间:_____

地点:_____

球员姓名:_____　年龄:_____　出生日期:_____

伤病类型:_____

_____

检查的区域:_____

_____

导致受伤原因:_____

_____

受伤程度:_____

_____

急救护理的人员（名字）:_____

进行了什么急救:_____

_____

还进行了什么其他治疗:_____

_____

建议:_____

_____

急救人员签名:_____

日期:_____

资料来源说明：From American Sport Education Program, 2012, Coaching youth basketball, 5th ed. (Champaign, IL: Human Kinetics).

紧急信息卡

球员姓名:_____ 运动类型:_____ 年龄:_____

地址:_____

电话:(   )_____

提供父母或监护人的信息，以及一名紧急联系人的信息

父母或监护人的姓名:_____

地址:_____

电话:(   )_____ 另外一个电话:(   )_____

紧急联系人的姓名:_____

与球员的关系:_____

地址:_____

电话:(   )_____ 另外一个电话:(   )_____

保险信息

保险公司名称:_____

保单名称和号码:_____

医疗信息

医生姓名:_____ 电话:(   )_____

你的孩子对药物过敏吗？   是   否

如果有，对什么药物过敏？_____

你的孩子有其他过敏吗（如蜜蜂蜇伤和粉尘）？_____

你的孩子是否有以下疾病？   哮喘   糖尿病   癫痫

你的孩子目前是否在服药？   是   否

如果是，是什么药？_____

你的孩子戴隐形眼镜吗？   是   否

关于你的孩子的健康和身体状况，

我们是否需要知道的其他信息？   是   否

如果是，请解释:_____

父母或监护人签名:_____ 日期:_____

资料来源说明：From American Sport Education Program, 2012, Coaching youth basketball, 5th ed. (Champaign, IL: Human Kinetics).

应急卡

准备好将以下信息给一名EMS调度员。

呼叫人姓名:_____

呼叫人的电话号码:(   )_____

呼叫原因:_____

受伤人数:_____

受伤人员情况:_____

进行了什么急救:_____

位置:_____

地址:_____

城市:_____

方位（如交叉路、地标和入口等）:_____

_____

_____

注意：不要先挂电话，让EMS调度员先挂。

资料来源说明：From American Sport Education Program, 2012, Coaching youth basketball, 5th ed. (Champaign, IL: Human Kinetics).

关于作者

《青少年篮球教学指导（第5版）》是由美国运动教育项目组和美国篮球运动员唐·肖沃尔特共同创作的。

肖沃尔特曾担任美国国家男子篮球队储备队主教练4年，带领美国U16国家队获得2009年和2011年FIBA美洲锦标赛金牌，以及带领U17国家队获得FIBA 2010年世界冠军。肖沃尔特在2009年和2010年获得年度美国篮球青少年发展教练称号，全美高中教练员协会2009年授予肖沃尔特年度国家队教练称号。肖沃尔特还是1999年麦当劳高中全明星赛主教练。1984年至2012年，肖沃尔特担任艾奥瓦州威尔曼高中男子篮球队的主教练，之后他出任艾奥瓦城市市高中篮球队主教练。他的胜率高达66.9%（557胜275负），9次获得艾奥瓦教练员协会年度最佳教练荣誉。肖沃尔特在世界各地举办篮球训练营，遍及俄罗斯、墨西哥、瑞士、比利时、英国。

美国运动教育项目组从1981年就开始推出教练培养课程。作为全美领先的教练培养项目，项目组与国家、州和当地的运动协会合作，推出针对教练、裁判、管理人员和父母的培训项目。这些项目都融合了项目组的"运动员第一，胜利第二"这一理念。

关于译者

毕成

现就职于国家体育总局训练局，曾借调2012年伦敦奥运会、2016年里约奥运会中国奥委会备战办公室工作。曾任2016年备战里约奥运会身体功能训练团队负责人，为中国国家游泳队、举重队、跳水队、体操队等运动员协调安排体能训练与物理理疗服务。曾在奥康达2015北京国际体能大会、2015年中国田径协会教练员体能培训班等大型体能会议中担任现场翻译。